わたしの旅ブックス
027

自転車お宝ラーメン紀行

石田ゆうすけ

産業編集センター

はじめに

旨いと評判のラーメン店に、友人とふたりで食べにいったときのことだ。

混雑する時間帯でもないのに人が並んでいた。30分ほど外で並んでようやく店に入り、さらに20分ほど待ってやっと着席。粛々とラーメンを食べたあと、店を出て互いに顔を見合わせ、苦笑した。

「やっぱりこれ系かぁ」

「思ったとおりだわ」

高級食材をスープに使っていることで知られる店だった。複雑で旨味たっぷりのスープにコシの強い麺は、いかにも一発当ててやろうといった、何かみなぎるものが感じられ、食べていて少々疲れた。

「足し算のラーメンなんですよ」

友人がそう言ったとき、「ああ、なるほど」と妙に納得がいった。

彼は老舗ラーメン店の三代目だ。昔ながらの店の味を守り、鶏だけでスープをとる。そのラーメンは澄みきっていて、スープは最後の一滴まで旨い。毎日食べても飽きない。これはすごいことだと思う。そのラーメンが僕の〝基準〟のようなものになっている。どのラーメンを食べてもつい比較してしまう。超えるラーメンは、なかなか現れない。

もちろん好みの問題だけれど、最近の主張の激しいラーメンが僕はちょっと苦手だ。これでもか、これでもか、と旨味を足していった〝足し算〟のスープは、コッテリ系、端麗系にかかわらず、よっぽどバランスがよければ別だが、「おいしい!」と感動するのは最初だけで、食べているうちに結構な割合で飽きる。丼一杯食べると疲れてしまう。ものには程がある。ラーメンという料理にも適した按排があるように思う。最近のラーメンは、やりすぎなのだ。

そこへいくと、昔ながらのラーメンはインパクトや派手さはないけれど、最後までおいしく食べられる。

そんなわけで、都内の昔ながらの中華そばを自転車で巡る話だ。

旅先で食べるなら、なおさら古い店がいい。味と一緒に旅情がじわじわ染み入ってくる。ただ旨いものを食べるだけじゃなく、食べている〝時間〟も味わいたい。

東京には昭和風情の古い店がたくさんある。目についた店にふらりと入り、食べてみて、「ああ、なるほど、だから残ってきたんだな」とひとり合点する。

そういった〝昭和店〟たちが、ここへ来て、すごいスピードでなくなっている。高度成長期から50〜60年、店主の高齢化に後継者不足、そして店舗の老朽化。店をたたむ理由は山積している。淘汰は自然の定めかもしれないけれど、消える前に昭和のラーメンと郷愁を体に刻んでおきたい。

自転車で移動するのは、おもしろいから、という以外に、理にかなっているからだ。

昔『ウルトラアイ』というNHKの番組で見た棒グラフが忘れられない。さまざまな移動手段の運動効率を表したものだ。同じ熱量という条件のもと、進める距離の違いを出していた。

移動距離が最も短かったのは飛行機だ。あんな大きなものが空を飛ぶのだから、途方もない熱量が必要なのだろう。次いで、車、電車と距離がのびていくのだが、それらをあざ笑うかのように、一気に距離をのばすのが徒歩だった。時間はかかるけれど、同じカロリーなら徒歩はずっと長い距離を移動できるということらしい。ところが、その徒歩をはるかに上回るのが自転車だったのだ。正確な数値はさすがに覚えていないが、ほかの移動手段とは比較にならなかった印象がある。要するに運動効率が並外れていいというわけだ。

これは自転車で旅をするとよくわかる。異様な空腹を覚え、自分でも怖くなるぐらい大食漢になる。でもカロリーを効率よく消費するからか、自転車旅行中はどれだけ食べても太らなかった。

空腹は最高の調味料。誰が言ったか、そんな名句を引き合いに出すまでもなく、空腹時に食べるのが旨いに決まっている。自転車で店に向かえば、最高の状態で食べられるわけだ。しかも熱を消費して汗を出すから、塩分もカロリーも気にならない。というより、自転車旅行中は塩分とカロリー摂取のためにラーメンを食べ、スープも飲み干すようにしている。何より好きだから食べるのだが、旅に出るといつにもまして欲しくなる。旅とラーメンは親和性が高いのだ。少なくとも僕にとっては。

飢えた獣のように腹が空くうえに、これほど背徳的な食べ物を、スープの最後の一滴まで罪悪感なくすすれるのだ。食べ歩きにこれほどおあつらえ向きの移動手段もない。

さらにいえば、電車やバスなど公共交通機関や車を利用する旅だと、移動の道中より着いた場所に比重が置かれる〝点の旅〟になるところが、自転車移動だと、〝線の旅〟になる。移動中もずっと観光や探索ができる。だから道中はあえて迷う。交差点に来たら、棒を立て、倒れたほうに進んでいく。子供の頃これを「さまよいごっこ」と呼んでよくやった。この先にどんな景色が広がっているんだろう。そんなワクワクした思いが、未知の世界へと足を向かわせる。それこそが旅の原点じゃないだろうか。

東京はさまよいがいがある。あちこちに〝宝〟が隠れている。

僕は古いものや変な建築やアートが好きなので、そういうのを自然と探している。見つかると、「お宝発見!」と悦に入る。

東京という大海原を、コンパスひとつでさまよい、宝探しをしながら、昭和なラーメンを食べる。そんな〝大冒険〟の始まりです。

自転車お宝ラーメン紀行｜目次

第1章

終戦直後で止まった店と、ガード下の秘密基地

――永代橋～浅草橋

自転車が好き、麺が好き

東京駅から東へ約1.5㎞、永代橋を自転車で渡り、さらに少し走ったところで、その店が目に入り、ギョッとした。

「一軒だけ終戦直後で時間が止まってる！」

映画のセットのようなラーメン店だった。長椅子が外に置かれているせいか、ぱっと見はまるで巨大な屋台だ。経年で壁は黒ずみ、トタンの戸は錆びついて、コカ・コーラの赤い看板は色がかすれていた。雷紋（ラーメン丼の縁によくある四角い渦巻きの文様）が描かれた看板には筆文字で《中華そば　おはる》。小さな二階家で、一階が店舗、二階が住居の、典型的な〝昭和店〟だ。

まわりは普通の住宅街だから見事に浮いていた。その店だけ昔の映像を切り抜いて貼ったコラージュのようだった。

店主らしき男性が外の長椅子に座って煙草を吸っていた。近づいて話しかけてみると、50年以上ここで営業しているという。いまは準備中だというので、外観の写真だけ撮らせてもらい、走り去ったのだが、その店が頭から離れなかった。

それから2年後、ウェブメディアに自転車ラーメン紀行の連載が決まったとき、真っ先に頭に浮かんだのがこの「おはる」だった。

凝りに凝った最先端のラーメンもいいが、昔ながらの中華そばが好きだ。旅先で食べるならなおさら古い店がいい。味と一緒に旅情も味わえ、ときに忘れられない一杯になる。

そんなわけで晩秋のある晴れ上がった朝、自転車にまたがり、阿佐ヶ谷の自宅を出発した。街路樹が流れ、秋の澄んだ空気が鼻孔をくすぐった。

一瞬、巨大屋台に見えた永代橋の至宝

阿佐ヶ谷から永代橋までは約17㎞だ。まじめにこげば1時間あまりで着く。いまはスマホをナビ代わりにして走る人が多いが、僕は時間を大切にしたいという理由でスマホを持っていない。だから紙の地図を使う。ハンドルにフロントバッグを取り付け、バッグ上部の透明なマップケースに地図を入れている。走りながら地図が見えるのだ。ただ、東京の道路地図はごちゃごちゃ複雑すぎて、走りながらだと実際はまったく読めない。だから目的地に近づくまでは地図ではなく、バッグに付けたコンパスを見ながら、まさに大海原を行く船のように方角だけを頼りに走る。といってもまっすぐには行かない。くねくね曲がりながら、古びた路地にずんずん入っていく。おもしろいものはないか。〝お宝〟はないか。店までの移動が目的なのではなく、道中はずっと旅なのだ。

約10分後、隣町の高円寺に入ったところで、木の葉の緑に覆われた小道が現れた。寺の参道らしい。入口の石柱に《高円寺》と刻まれている。

「えっ、寺があったの？」

隣の阿佐ヶ谷に住んで10年以上になるのに、いままで知らなかった。吉祥寺や天王寺みたいに単なる地名だと思っていたのだ（どっちにもその名の寺はありません）。でも意外とみんな知らないんじゃないのかな。と思い、阿佐ヶ谷に30年以上住んでいる阿佐ヶ谷生まれの友人にあとで聞いてみたら、「えっ、そうなの？」と驚いていた。

自転車を押して参道を歩くと、立派な山門が現れた。高円寺の町に立つ寺に、大きく《高円寺》と刻まれている。犬小屋に《犬》と書いているみたいで、ぷっと笑いそうになる。

案内板によると、三代将軍家光が狩りの際によく立ち寄ったとのこと。山門をくぐると、巨大なイチョウの木に目を見張った。五階建てビルぐらいあるんじゃないだろうか。色づいたらそれこそビル火災のように見えるかもしれない。

神仏習合の現れだろう、境内には鳥居もあったが、なんだこりゃ？　2本の柱に龍が巻き付いている。仕事がら日本じゅうを旅して神社仏閣もそれなりに訪れていると思うが、こんな鳥居を見るのは初めてかもしれない。

圧巻だったのが本堂の透かし彫りだ。雲が渦を巻き、天女が舞い、獅子が唸っている。

なんという緻密さだろう。新潟で石川雲蝶の透かし彫りを見たときは、その超絶技巧に酔いしれたが、引けを取らないんじゃないだろうか。天女の微笑の愛らしいこと。いや素晴らしい。と、時計を見ると、この寺に来てもう30分以上たっていた。

「あ、あほか、まだ隣町や！」

メーターを見るとまだ3㎞しか進んでいないではないか。

でも自転車で旅する理由は、ここなのだ。どこにでも自在に行け、気軽にとまれる。自由で、いろんなものを発見できる。さながら宝探しの旅なのだ。

おまけに腹が減るからメシが旨くなる。カロリーを燃やせるから気兼ねなく大食もできる。食べ歩きにこれほどおあつらえ向きの交通手段もない。

街を走れば〝お宝〟に当たる

高円寺から5分ほど走ったところで、道路脇の小さな欄干がふいに目についた。一旦通り過ぎたのだが、ブレーキをかけ、戻る。コンクリート製のその欄干だけ黒ずんで古ぼけた味があり、まわりから異様に浮いて見えたのだ。

欄干の親柱を見ると、緑青の吹いた銅板に《昭和七年五月完成》と刻まれており、ほぅ、と胸の内で声を上げた。思ったより古い。時間の蓄積はやはり目に見えるのだ。

おしゃれな銅板だった。うろこ状の地に、文字が浮き彫りになっている。長さ2mくらいの小さな欄干なのに、えらく手が込んでいるのだ。欄干自体もアーチを組み合わせた、現代では生み出されないようなデザインだと思えた。優雅な時代の遺産なのだ。川があったらしき場所は歩道になっていて、洒脱な欄干だけがぽつんと

欄干と親柱だけが残った大久保通りの宮園橋

取り残されている。

大久保通りを東へ進む。大久保駅周辺の路地もさまよいたかったが、もう12時前だ。あんまり遅くなるとまずい。14時ぐらいから休憩に入る店は少なくない。新大久保駅を過ぎてガードをくぐり、山手線の内側に入ると、コリアタウンが開けた。ごった返す若者やキッチュな店を横目に、僕はひたすら昭和の中華そば屋を目指す。

神保町に目を引くものがあった。野球ボールを持つ巨大な手のオブジェだ。台座には《日本野球発祥の地》の文字。

碑文を読んでみると、ここはもともと開成学校があった場所で、明治5年、アメリカ人教師が生徒たちに野球を教えたとある。

隣には《東京大学発祥の地》という碑もあった。明治10年、開成学校と東京医学校が合併して東京大学になったらしい。ほかにもいろいろ発祥されていそうだ。

やがて江戸城の内堀に突き当たり、堀に沿って走ると大手門が現れた。堀から離れ、東京駅のガードをくぐり、山手線の外に出る。しばらく行くと永代橋が見えてきた。来たでぇ。橋にのる。隅田川の向こうにはスカイツリーが浮かんでいる。

橋を渡り、少し進むと、見えた。「おはる」だ。相変わらずまわりの風景から奇妙なくらい浮いている。

「ん？」

嫌な予感がした。枯れ具合が前と違うような……。店に近づくにつれ、ますます不安が募ってきた。

「………」

昼なのに暖簾が出ていなかった。ガラス戸の向こうも真っ暗だ。まさか……。

はす向かいの家に怖そうなおじさんがいた。車をい

手のしわまで精巧なモニュメント

じっている。

声をかけ、尋ねてみると、心中恐れていたとおりの答えがかえってきた。

「この店かい？　閉めたよ」

「……いつごろですか？」

「3ヶ月ぐらい前じゃねえかな」

「はは……」

うああ、と頭を抱えた。なんでもっと早く来なかったんだ。悔やんでも悔やみきれない。

二階の手すりには座布団が干されていた。元店主がいまも住んでいるのかもしれない。

ただ、廃墟のように暗く沈んだ建物や閉ざされた戸を見ていると、「おはる」がいつか復活し、食べるチャンスが再び訪れる、ということはもうないんだろうなと思えた。

やはり急がなければならないのだ。昭和の店がどんどんなくなっている。


とにかく何か食べよう。自転車をこいで腹ペコだ。近くにいい店はなかったかな。

そうだ、エベが言っていたあの店はどうだろう。

エベとは、この記事の掲載先である食のウェブメディアの編集長だ。前に飲んだとき、昔ながらの中華そばが好きだという僕の話に、彼は首を大きく縦に振り、浅草橋にいい店があると言った。

「店の名前なんだったかな。昔よく行ってたんだけど、中華そばって書かれた看板しか覚えてないんだよなぁ。不思議な店なんですよ。ガード下に埋まっているみたいで」

浅草橋ならここからそう遠くない。それにガード下の中華そば屋というだけでそそられるではないか。

ようし、行こう。自転車にまたがり、地面を蹴った。

店の名前もわからないし、スマホもないから調べようもないけれど、浅草橋駅のガード下で中華そばを謳った店といったら何軒もないはずだ。

エベに電話かメールして調べてもらったら確実だが、どうせなら〝宝探し〟を楽しもう。

不思議な立地の中華そば店へ

隅田川に沿って北へこいでいく。

ビルの並ぶ空間に水路が流れていた。お爺さんが釣りをしている。こんなところで何が釣れるんだろう？　自転車をとめ、聞いてみると、

「ハゼを狙ってるんだけどね」とちょっと恥ずかしそうに笑う。

「釣れましたか？」

「いや、今日はだめだね」

足元には小さなデイパックがひとつ。買い物ついでにふらりと寄ったような格好だ。魚屋に買いにいく感覚でハゼを釣りにいき、釣れたてを天ぷらにして、一杯——。東京の真ん中でも

大東京の真ん中でハゼを狙うスーさん

できるんだな（ほんとかな？）。

さらに北上すると、《深川芭蕉庵》と書かれた案内板が現れ、矢印に従って進むと、高い壁で行き止まりになった。隅田川の堤防だ。そばに木の門と階段があった。門をくぐって階段をのぼり、土手の上にあがると、小さな公園と芭蕉の座像が現れた。やっぱりいた。ゆかりの地には必ずといっていいぐらい芭蕉像がある。宗教関係以外では2番目に多い像じゃないだろうか。ちなみに1番は薪を背負ったあの人だ。

案内板によると、1680年に芭蕉は隅田川のほとりのこの地に庵を結び、亡くなるまでの15年間、ここを拠点に旅を続けたらしい。門下からもらった芭蕉一株がよく育ったため、「芭蕉庵」と名付け、自らの俳号にしたそうな。ふむふむ。

ここからだと隅田川がよく見えた。気持ちいい風が髪をなでていく。秋は川がよく薫る。

さらに北上し、橋にのったところでブレーキをかけた。運河の水面に高床の小屋が並び、屋形船が浮かんでいて、水面からは木の杭がいくつも飛び出している。寅さんのロケに使われそうなところだな、と思ったが、タイやマレーシアあたりの風景にも見える。

その橋を渡ってなおも北上すると大通りに出た。それを左へ、両国橋を渡り、再び北上すると、間もなくガードに突き当った。それに沿って左に進む。

駅が見えてきた。浅草橋駅だ。来たでぇ。周辺をポタリング（自転車散歩）しながら店を探した。ガード下には飲食店がひしめいている。

「……ん？」

ない。おかしいな。

もう一度ガード沿いに走ってみる。

「えっ、もしかしてこれ？」

見逃すはずだ。ガードに平行して並ぶ店舗群の中にあるのかと思ったら、そうではなかった。ぽつんと一軒だけ、ガードに対して垂直に、橋

矢吹丈がロードワークしていそうな世界でもあるなぁと

脚の中に埋もれるようにしてあったのだ。

目立たない立地なのに、看板も控えめだった。店の入口の上に板が一枚。墨で《中華そば》、その横に小さく《幸貴》とある。店名だろう。字が小さいうえにこげ茶色の板に墨字だから、よく見ないと字が読めなかった。エベの記憶に店名が残らないわけだ。

ともあれ、これでやっとラーメンにありつける。

「ん?」

暖簾が店の中だ。まさか。時計を見る。13時40分。

ドアを開けると、国村隼のような強面のおじさんがいた。

たしかに「埋まっている」という表現がぴったりのたたずまい

「ごめんなさいね、1時半までなんで」

「あ、はあ……」

13時半で終わり？　駅前のこの一等地で？

11時半からの営業で、夜はやっていないという。1日なんと2時間。それで成り立つんだ。ますます惹かれるが、どのみち今日は諦めるしかなかった。

うーん、いつになったら食レポになるんだろう？

〝故郷の味〟の中華そば

とにかく何か食べなければ。ガス欠寸前だ。

再び浅草橋駅周辺を走りまわり、最も古そうなラーメン店に入った。

白髪のお爺さんがカウンター内でフライパンを振っている。またしても強面だ。

出てきたのは食品サンプルのような模範的な中華そばだった。丼の縁の雷紋がダメージ加工のジーンズのようにかすれている。どれだけ使えばこうなるんだろう？

スープを飲んでみると豚骨鳥ガラの懐かしい醬油味だ。思わずため息が出る。甘めのメンマがいい。嚙むごとに舌が洗われ、ラーメンの味が鮮やかになる。

食べ終えると、強面店主に「おいしかったです」と声をかけた。店主は一瞬、僕を変な目で見たが、そのあとかすかに口元をゆるめた。

この地で50年やっているという。すごいな。新店がオープンしてはすぐに閉店し、また別の店が開店する、そんな新陳代謝が次々に繰り返される東京の駅前で、50年。

実はぶっつけ旅の取材をしているんですが、

雷紋のかすれ具合も味に染み出しています

記事に書かせてもらえないでしょうか、と聞いてみた。

「ごめん。取材は断ってるんだ」

「あ、そうなんですか……。あの、よかったら、理由を聞かせてもらえませんか」

「雑誌とか見て来る人って、1回来たら終わりでしょ。そういう人が来て、地元のお客さんが座れなかったらヤだからさ」

50年続くわけはそういうところか、と思った。話題につられてやってくる人たちではなく、いつも来てくれる人に向けて、つくる。話題になりやすい派手な味じゃなく、地元の人に何度も来てもらえる味。ずっとそこにある、ホッとできる味。〝故郷の味〟だ。うん、そういう味だったな。

僕は清々しい気持ちになって店を出たのだった。

……って、これじゃ店の紹介にならんがな！

古めかしい酒屋はなぜあちこちにあるんだろう？

店を取材するときは普通は下調べをして、場所と営業時間を確認し、事前に申し込む。でもこのラーメン紀行はアポなしの飛び込み取材でいこうと思っている。ほんとは店も決めずにいきたいのだ。町をふわふわと気ままにこぎ、昭和風情の渋い店を探す。自転車の機動力と自由さを生かした〝宝探し〟だ。どうせならワクワクしたい。食べるだけではなく、見つける楽しさも味わいたい。東京という大海原を舞台に、帆を広げ、宝を目指してこいでいくのだ〜！

といった勇壮な思いで始めたら、最初に訪ねた店は3ヶ月前に閉店し、2軒目は到着10分前に看板、3軒目でようやく食べられたと思ったら取材を断られ……記事にならないやないか！　仕事であることを忘れ、100％旅を楽しんでいるけれど、一応食のメディアに載せるのが前提なのだ。

狙いを定めていこう。前回入れなかった2軒目の「幸貴」だ。店は昭和風情じゃなかったけれど、ガードの橋脚に小さな店が埋もれている様子が子供の頃につくった秘密基地を彷彿とさせておもしろかったし、なにより駅前の好立地で昼の2時間しか開けていないというのが気になった。それで成り立つ中華そばってどんな味だろう。

1週間後、再び自転車にまたがった。前回はJR中央線の南側を走ったので、今回は北側を攻める。

家を出て、適当に細い道に入っていくと、広い道に出た。早稲田通りだ。その道を20分ほど東進すると、おっ、とブレーキをかけた。

城の櫓みたいな建物だった。戦後のものか戦前か、白い漆喰の壁に海鼠壁、瓦ぶきの小屋根や庇があちこちに取り付けられ、軒という軒に

見た目は和だけど世界のビールが飲める「かどや酒店」

蛇腹（壁に沿って帯状に突出させた装飾）を巡らせている。なんという豪奢さだろう。壁には《かどや》の金文字。酒屋らしい。

日本各地を巡っていると感じることだが、町中で目を引く古い建物といえば、神社仏閣をのぞけばたいてい蔵と酒屋なのだ。造り酒屋もだけど小売店、いわゆる町の酒屋さんもそう。酒屋は商品を守るために蔵のように頑丈に建てられたということか。くわえて景気や流行にさほど左右されず、何代も続けられる商いだったということかもしれない。

対照的なのは呉服屋だ。かつて大いに栄え、各地に豪勢な店舗が建てられたが、現在はというと、とくに地方はほぼ壊滅的で、豪勢な廃墟（?）だけが点々と残っている。

この「かどや酒店」がいつ建てられたのか話を聞きたかったが、10分遅れて食べ損ねた前回の轍を踏むわけにはいかなかった。写真だけ撮って早々に出発する。

それにしても、営業時間が2時間というのは、寄り道癖のある自分にはつらい。前にやった自転車世界一周旅行は、当初3年半で終わる予定が、寄り道ばかりしていたら7年半もかかったのだ。

山手線のガードをくぐり、早稲田大学をやり過ごすと、当てずっぽうで細い路地に入っていく。ときどきコンパスを見ながら、東に向かっているかどうかチェックする。

東京ドームが見えてきた。その北側を東へ進むと、ハスにびっしりと覆われた池が現れた。

「え、なにこれ？」

高層ビルと木立に囲まれた大きな池だった。ハスがあまりに密なので水が見えず、池というより地面に見えるのだ。都会の真ん中にぽっかり空いた、特大の更地といった景色だった。

看板には「不忍池」の文字があった。これがそうなんだ。

案内文によると、江戸時代にはここから将軍

最初は池に見えなかった不忍池

家にレンコンを献上していたらしい。

上野駅のガードをくぐってさらに東へ、このへんかな、と適当なところで右に折れ、南へ下っていくと、ある横丁の入口に目が吸い寄せられた。《おかず横丁》と書かれた商店街のアーチがあり、その横に、戦前のものだろうか、古めかしい銅板張りの店が立っている。看板には《高岡酒店》。やっぱり酒屋だ。

どんな商店街だろう。腕時計を見ると、現在12時50分。「幸貴」は13時半までだ。ぎりぎりに着いて、スープが終わっていたら目も当てられない。

……でもちょっとぐらいいいか、とその商店街に入ってみると、車の騒音がぴたりとやみ、ふっと空気が変わった。古びた木造の建物がぽつぽつ立っている。格子戸まである。北陸あたりの古町にふらりとやってきたみたいだ。

寄り道の景色が目に鮮やかに映るのは、訪れるはずじゃなかったところを見ることができた喜びからだろうか、それとも〝呼ばれた〟という縁があるから心に響くのか。ともあれ、旅で記憶に残るのは、不思議と予定から外れた場所が多いのだ。

って、いかん！　本気で急がなきゃ。慌てて走りだすと、見事な唐破風が見えた。銭湯かな？　進行方向から逸れ、近づいていくと、ビンゴ！　看板に《鶴の湯》とあった。

そういえば、30年前に日本一周をやったときは銭湯も〝目を引く古い建物〟の代表格だったなぁ。いまは田舎を旅すると廃墟になった銭湯ばかり目につくけれど、人の多い都会ではまだまだ昔の豪壮な銭湯が生き残っている。

酒屋も銭湯も、寺社が残っていくのとはわけが違う。宗教ではなく、商いが人の一生あるいはそれ以上に長く存続するためには、どれほどの努力が必要だろう。何か尊いものを覚えながら、最高のアングルを求めてうろうろし、銭湯

昭和２年創業と伝わる銭湯「鶴の湯」

に向けてカメラを構え、人が入ったほうが下町情緒が出るかな？　と通行人が来るのを待って、パシャ。って、ええい、時間がないのになに自転車降りて撮影してんだ！

國村隼似の店主は、いたずらっぽい目で笑った

急いで南へ走ると、ガードに突き当たった。浅草橋駅がすぐそこに見える。いいぞ、ドンピシャだ。

ガード沿いに駅に近づいていくと、「幸貴」が見えた。

よし、暖簾が出ている。間に合った。

中に入るとカウンター席が5つだけの小さな店だった。やっぱり〝基地〟みたいだ。

ちょうどひとつだけ空いていた席に座る。

強面店主がひとり、忙しそうに動いていた。先週も来たんです、と言おうと思ったが、とても雑談ができる雰囲気じゃない。おとなしくワンタンメンを頼む。ほかの客たちも

間もなく目の前にワンタンメンが置かれた。スープの色が濃く、脂多め、麺太めだ。あ

あ、こっち系か。インパクト重視かな。僕の好みじゃないかもしれない。

まずはスープをひと口。豚骨と醬油の旨味に、かすかな生姜の香り。おや？　見た目か

らは意外なほどやさしい。風呂につかったように「はあ」とため息が出る。

次に麺をすすると、おっ！　と前のめりになり、それからは一心不乱、夢中で麺をすす

り続け、一気に半分近くまで食べてしまった。止まらなかった。麺にはモチモチした弾力

がある一方、表面はやわらかく、スープの香りをたっぷりと吸っている。嚙むとスープの

芳香が広がり、次いで小麦粉の旨味がやってくる。そう、これだよ。最近は麺のコシを強

調した店が多いけど、こんなふうに麺とスープは溶け合ってほしいんだよなぁ。

食べて感動したとき、僕は言わずにおれない言葉を店主に言った。

「おいしかったです」

國村隼風のおじさんはオヤ？　という顔をした。

「そんなの言われたの、初めてだよ」

まさか、と思ったら、店主はいたずらっぽい目でニヤリと笑った。あれ？　意外とお茶目な人なんだ。

アポなしで申し訳ないのですが、とお詫びし、取材をお願いすると、快諾してくれた。

「スープには何を？」

「ヒトガラだね」

ヒトガラ？　そんな食材があるんだ。いや、鶏か豚の部位かな？　いずれにしても食の取材に来ていて知らないのはカッコ悪い。知ったかぶりをしよう。

「はあ、ヒトガラですか……」

「そう、ヒトガラ」

國村隼の目が怪しく光った。ん？

「……あの、ヒトガラって？」

おじさんは「鶏ガラ、豚ガラ」と言ったあと、自分の肋骨あたりを指して「人ガラ」と言った。やられた。ブッと笑うと、おじさんもますます茶目っ気のある笑顔になった。ずるいなぁ。強面の人が冗談を言うと倍おもしろいんだから。

「エベさんに聞いてきたんです」と言うと、おじさんは「え、そうなの？」と馬券が当たったように顔を輝かせ、それから急に人懐こい表情になって思い出話を語り始めた。それがいつまでも終わらないのだ。待ってるお客さんいますよ！　とこっちがハラハラしたが、その一方で、おじさんが本当に嬉しそうに話すので、大切な手紙を届けた使者にでもなったような晴れやかな気分になった。

店を出ても、なんだか楽しい気持ちが続いていて、すぐに帰る気になれなかった。周辺をポタリングすると、ガード下にレンガ造りの古びた喫茶店があった。自転車をとめ、寄っていく。

頭上で鳴り響く電車の音を聴きながら、手で淹れられた香り豊かなコーヒーを飲む。

「幸貴」のおじさん、いい笑顔だったな、と今日のことを反芻していると、ふいに、あの店主と、彼のつくる中華そばの符合に思いが至った。見た目からは意外なほどやさしい――。

たしかに、人ガラが入っていました。

街ぶらチャリダーのこだわり❶

ポタリングとは

ひとことでいえば「自転車散歩」。目的地を決めずに気ままに自転車でのんびり散策することだ。「ぶらつく」「のんびりする」という意味のイギリス英語「potter」が語源らしい。

自転車に興味のない人には聞き慣れない言葉だと思うが、僕が自転車を始めた80年代後半にはすでにあった。

初めてその言葉を知ったとき、これだ！　と思った。『十五少年漂流記』や『宝島』を子供の時分に愛読した僕は、〝漂流〟や〝宝探し〟に憧れ、自由を渇望した。歩くよりも早く、どこでも気軽に立ち寄れ、ガソリンも不要（バイクや車はガソリンスタンドを気にしなければならない分だけ不自由だ）、この自由な乗り物、自転車こそ、漂泊の旅にふさわしい――。

言葉がスタイルをつくる。ポタリングという言葉を知ってから世界が広がった。自転車が移動手段から、気ままな散歩の手段になった途端、より自由に、より楽しくなったのだ。

最近はポタリングの認知率も上がってきたようだが、まだまだ誰もが知る言葉ではない。なかなか定着しないのは、目的地に向かって走るほうが落ち着くといった真面目な国民性が一因にあるのかな、とちょっと思うんだけど、でも実は「ポタリング」は日本人が作った和製英語なんだよなぁ。

第2章

噺家はだしの店主と、昭和遺産店

——笹塚

釣り堀にいた血まみれの巨大魚

昔懐かしい渋いラーメン店を自転車で巡る、という連載を始めることになったら、友人たちから店情報がメールでたくさん届いた。クリックすれば店の外観も見られる。

でも行く前に写真を見るのはちょっとなぁと思う。実物を見たとき、つい写真と比べてしまう。それじゃ〝確認の旅〟になってしまう。できれば自分から発見したい。〝宝探し〟がしたい。でも友人たちがせっかく送ってくれたしなぁ、好意を無にするのもなんだしなぁ、などとぶつぶつ言いながら、結局クリックしまくり、画像を見まくっていたら、ある店の外観に目が留まった。廃屋のような黒ずんだ板壁に、木の窓枠、白いすりガラス、窓は斜めに傾き、《中華そば》の暖簾には雷紋、と完全に世界ができあがっている。まるで朝ドラのセットだ。にしてもやりすぎでしょ、と思うほどのオンボ……いや、年月の積み重なり方だ。よく残ってきたなぁ。写真だけでも感動してしまう。これは見たい。この目で見たい。笹塚の「福壽」という店だ。行こう。年明け最初の店は「福壽」だ！

と、すぐにでも飛び出したくなったのだが、今回は事前にアポをとることにした。

5日後に長期の海外取材を控え、時間に余裕がなかったのだ。店まで行って断られたら途方に暮れてしまう。

ネットには店主の画像もあったのだが、ちょっと厳しそうな人に見えた。昔ながらの店舗を建て替えもせずに守ってきた人だ。独自の美学を持っているにちがいない。取材を受けてくれるだろうか。前回の旅で取材を断られたことが頭の隅に引っかかっている。

そんなわけで「福壽」に電話してみたのだが、何度かけてもつながらなかった。訪問直前に閉店していた「おはる」が頭をよぎる。まさか……。

ネットの二次情報に頼らない、という旅の信条をとっとと捨て（画像を見まくっていていまさらだけど）、ネット内を探しまわってみたが、閉店したという情報は見つからなかった。直接行って確かめるしかないか。やれやれ……。ま、パソコン画面を凝視し、延々とクリックしながら悶々とするより、さっさと行ったほうがたぶん、早い。

こうして正月明けのある晴れ上がった空の下、阿佐ヶ谷を出発。肌を刺すような強い寒風が吹きつけてくる。

笹塚まではまっすぐ行けば約5㎞だ。さすがに物足りない。小道にどんどん入っていく。子供の頃にやった〝さまよいごっこ〟だ。交差点に出るたびに棒を立て、倒れた方向に進んでいく。いつしか見たことのない景色が広がっている。それだけで胸がときめいた。世界は冒険に満ちていたのだ。

ただ南紀の僕の田舎と違い、東京は広い。棒を倒しながらだとたぶん、一生やっても目的地には着かない。だから前回同様、バッグに取り付けたコンパスを見ながら方角だけは意識して走る。「福壽」は南東だ。

見慣れない路地を選んで右へ左へ入っていくと、やがて森が現れた。善福寺川緑地だ。川に沿って自然林のような木立が4、5㎞続いている。葉が落ちて竹ぼうきのようになった木々が、自転車の進行に合わせてゆっくり動いていく。

たしかこの先に釣り堀があったな、と思った。13年前、東京に住み始めた頃、走っていてたまたま見つけたのだ。なんだか風変りな釣り堀で、しばらく自転車をとめて眺めていたっけ。

まだあるだろうか。13年前時点ですでに古びていたからなぁ、と思いつつペダルを回していくと……あった。

受付の建物はやはり、ポカンと見入ってしまうくらい個性的だった。真っ赤に塗られた角材が千本格子のように大量に建物全体についているのだ。これは意匠だろうか？　それなら目立つという点では成功している。

真冬の平日で、人っ子ひとりいなかった。建物の横には忍者型の自販機があり、そこから陽気な声が無人空間に延々と流れ続けている。

「僕じゃじゃ丸！　僕の中でポップコーンができるよ！」

シュールだなぁ。まるで田舎のさびれきった遊園地だ。阿佐ヶ谷を住処に選んだのは、街や周辺の昭和っぽさにくわえ、どこか垢抜けない雰囲気に惹かれたからだが、まさにこういうところなのだ。

何が釣れるんだろう？　金網越しに釣り堀をのぞいてみると、意外な魚がいた。ホオジロザメだ。大口をガバッと開け、水面から顔を出している。というより顔だけが水に浮かんで、強風を受け、釣り堀の中をうろうろ、チョロQのように行ったり来たりしている。なんだか幻覚を見ているようだった。やっぱりシュールだ……。

釣り堀を離れ、再び善福寺川沿いをのんびり走る。少女の像やきれいな池が現れる。

暗い森が広がった。案内板を読むと、近年、準絶滅危惧種のオオタカが確認されたらしい。東京には希少な鷹も人喰い鮫もいるのだ。

においのない街、香り立つ街

神田川に合流したところで川から離れ、住宅街の路地に適当に入っていく。

なんの変哲もない住宅街が続いた。似たような建物ばかりだ。

地方と比べると、意外と東京のほうが古びた味があったり個性的だったり、街に〝におい〟があるように感じるのだが、あるいは阿佐ヶ谷

釣り堀にはなかなかいない魚

に住んでいるからそう思うのだろうか。どこを切っても金太郎のような、おもしろみのないエリアは東京にも多いのかもしれない。

それでも猪のように鼻をひくつかせ、路地を右に左に曲がっていくと、尻尾がピンと立ち、目が前方にロックオンされた。

うっとりため息が出るほど古ぼけた総菜屋だった。モルタルの外壁は染みや黒カビが迷彩柄のように浮かんで、天然の岩のような色合いになっている。素晴らしい。年月が醸しだす味だ。それが空気に溶け出し、街に〝におい〟を与えている。

モルタルの家は減っていくばかりで、街はどんどん〝無味無臭化〟されていく。サイディングやタイルの外壁は何年たってもつるんとしているからつまらないのだ。もっとも、持ち主にはそっちのほうがいいんだろうけど。

総菜屋の横には「みなみ台」と書かれたアーチが立っていて、商店街がのびていた。入っていくと、揚げ物の香り、醤油の焼ける香り、あんこの香り、いろんな香りが鼻先をかすめていく。ああ、商店街に惹かれるのはこのにおいがあるからか。

何度か行ったり来たりしたあと、商店街を出る。

再びコンパスを見ながら、右へ左へくねくね走っていくと、さっきよりも賑やかな商店街に出た。古そうな魚屋と八百屋が並んでいる。どちらの庇テントも経年で黒く汚れ、温かい空気が町に溶け出していた。

自転車を押して商店街を歩く。魚の香り、揚げ物の香り、「寒いねぇ」と言葉を交わし合う人々、松が取れたばかりなのに琴の演奏が流れ、正月の情緒が漂っている。その中を少女が駆けていく。子供まで昭和に見える。

商店街の出口まで来ると、アーチがあった。《十号通り商店街》という文字。おお、ビンゴだ！　コンパスだけで着いた。「福壽」はこの商店街から北に進んでいったところだ。

Uターンして来た道を戻り、商店街を北へ歩いていく。大通りを渡り、「笹塚十号坂商店街」と名前を変えた通りをさらに進んでいくと、商店街の出口にそれらしき店が見えてきた。やった、電気がついている。暖簾もかかっている。やってるんだ！

いざ目の当たりにすると、やはり凄みがあった。そこだけ空気が違う。戦後復興期の煤けたような色が店全体からオーラのように滲み出している。よくぞ残ってくれました。いや、残してくれました。あとは店主が取材を受けてくれるかどうかだ。ネット内の画像で見た店主の厳しそうな目が脳裏をよぎる。あの人がマスコミ嫌いだったら終わりだ。

おそるおそる引き戸を開けると、女性のお客さんがひとりいた。

緊張しながらアポなしで来たことを店主に詫び、雑誌名を告げ、そのウェブ版に記事を書いている旨を伝えると、

「え？　『dancyu』？　前にも取材受けたよ」と店主は明るい顔で笑い、僕は膝がカクンと折れた。3年前のラーメン特集に載ったらしい。なんというあほだ。その号には僕も書いているのだ（しかも「福壽」の記事のわずか5ページ前に）。

ドラマのロケにもよく使われています

博覧強記なラーメン屋の店主

それからは店主、小林克也さんの独断場だった。

「なに、お兄さん和歌山なの？　オレ和歌山大好きなんだよ。白浜に熊野古道いいねぇ。〽ここは串本〜、向かいは大島〜、仲を取り持つ巡航〜船、アラ、ヨイショ、ヨ〜イショってね。お姉さんは、えっ、岡山？　オレ岡山が大好きでさぁ。岡山の後楽園はいいねぇ。池田綱政がつくったんだ。東京の後楽園は水戸光圀だ。備前刀はいい刀だよ。佐々木小次郎の刀だ。雪舟も岡山だね」

知識が次から次に披露される。自慢げでもなんでもなく、ただただ泉から水があふれ出るような感じだ。

「あちこち行ってるんですね」

「そう、この前は冥土にも行ってきたよ！」

「は？」

「冥土だよ。かわいい〝メイド〟さんがいっぱいいてさぁ、あんまり楽しいから死にたくなっちゃった！」

落語かよ！　僕もお姉さんも腹を抱えて笑いっぱなしだ。

「頭の回転、速すぎませんか？」

僕がそう言うと、お姉さんも「うんうん！」と頷いている。しかも人を不愉快にさせることは一切言わない。楽しい気持ちにさせる言葉ばかりだ。ウィットに富んで、品がある。医学の話まで始め、それがまたえらく専門的なのだ。

「もしかしてお医者さんだったんですか？」と半分本気で聞いたら、

「そう、よくわかったね！　実は医者なんだ！」

「ほんとですか⁉」

「そう！　オレは小学生のときから医者だよ。よくやったなぁ」

……あ、はい、その先はＯＫです。「品がある」は撤回で。

燃料はゲンシリョク!?

「福壽」の創業は昭和26年。当時は工場が多く、労働者たちがひっきりなしに食べにきていたらしい。戦後復興期から高度成長期にかけての日本を支えてきたのだ。その気配は店内にも色濃く残っていた。時代を重ねて艶を帯びた木の柱や食器棚や柱時計、そういったものたちに囲まれ、石油ストーブの香りをかいでいると、田中邦衛扮する『北の国から』の五郎のようなおじさんが入れ替わり立ち替わりやってきて、中華そばをズルズルすすり、サッと出ていく、そんな往時の光景が目に浮かんだ。

昔のまま、という美学、あるいは哲学すら感

圧巻の話術、小林克也さん

じる店舗から、もしかしたら気難しい店主かもしれない、と会うまでは不安だったが、小林さんは笑顔で「おーい、こっちからも写真撮りなよ」と厨房に手招きしてくれる。

お言葉に甘えて厨房に入ると、目を見張った。

「すごい竈ですね」

コンクリート製の竈で、五右衛門風呂のような巨大な丸底鍋がすっぽりはまっている。膨大な時間が積み重なったその竈はコンクリート製には見えず、岩か遺跡を思わせる迫力があった。

「昔は薪を使っていたんですか?」

「そう、薪。その次はコークス。で、いまはゲンシロ」

「は?」

「うちは縄文時代からやっているからさ。ゲンシは原始時代の原始ね」

小林さんはニヤニヤ笑っている。次は何しようか、といたずらばかり考えている子供の目だ。

岡山から来たというお姉さんは男性アイドルグループKAT-TUNのファンらしい。

彼らの映像にこの店が使われたことから、ファンたちの〝聖地〟なんだそうだ。

「おじさんがすごくいい人だって、みんながSNSに書いているのを読んでいたんですが、こんなにおもしろい人だとは思いませんでした」と彼女は感じ入ったように話す。

「実はここに来るの2回目なんですよ」

「えっ、岡山から？　前はいつ？」

「半年ぐらい前かな。そのときは閉まってたんです」

「わかった、あの日曜日だな！」小林さんは力いっぱいドアを蹴る真似をしながら、「あのときドアをドーンって蹴って壊したの、アンタだろ！」

店主曰くゲンシロの竈

お姉さんは転げるように笑う。

彼女は店の写真をたくさん撮ったあと、何度も頭を下げて出ていった。その姿を僕たちは微笑みながら見送った。

入れ替わりにおじさんが入ってきた。小林さんとは顔見知りのようだ。聞けば約40年間この店に通っているらしい。

中華そばだけではなく、時間も食べているのだ

「……じゃあ、僕もそろそろラーメンいいですか？」

「えっ、食べるの？」

「食べますよ！」

小林さんは笑いながら手を動かし始めた。麺をゆで、平網ですくって、スープを張った丼に入れ、麺をほぐして、具をちょいちょい。はい出来上がり。あっという間だ。蕎麦屋

だったという先代の名残か、戻した干し椎茸がのっている。

　まずは色の濃いスープをすする。輪郭のはっきりした甘めの醬油味に、ほんのりと生姜が香った。見た目は濃そうだけれど、意外とすっきりしている。

「いまがいちばん薄いよ。昔は工場の労働者たちはみんな自転車で移動して汗をかいていたからね、もっと塩分が濃かったんだ」

　細めの縮れ麵を吸い上げると、麵に絡んだスープも大量に口に入ってきた。醬油の香味の立ったスープと、麵のハーモニー。僕は前のめりになった。漫画のように口の幅全体で麵をすすり、大量の麵を嚙む。スープが口内にあふれる。麵が躍る。間髪を入れず再び口の幅で麵をすする、スープが跳ねる、麵をすする、すする、どんどん加速していく、麵が頰をくすぐる、悦、悦、悦！

　そう、ただ旨いだけじゃない、快感なのだ、昔の中華そばは。忙しい労働の合間にかっこむのにちょうどいい。

　そのうえこの空間だ。戦後から蓄積された時間が塵のようにキラキラ舞っている。その中で麵をズルズルすすっているうち、次第にふわふわ浮かんだような心地になり、いまがいつなのか、ここがどこなのか、ぼんやりするような気分を抱いた。愉快な感覚だった。遺産レベルのこの空間で食べて初めて味わえる、希少な体験だ、と思った。

　僕は食べるのが異常に遅いのだが、あっという間に平らげ、スープも飲み干した。すると丼の底に現れたのは「日本一」の文字。

「初代のオレの親父が昭和27年に商号登記をしたんだよ。いまは厳しくなって『日本一』なんて名乗れないかもなぁ」

　そういえば日本一を謳った飲食店ってあまり見ないかも。

　小林さんの名調子は続いた。機知とユーモアにあふれた会話に、僕は舌を巻き、感動すら覚

スープ完飲が求められる天下の称号

えながら、終始腹を抱えて笑いっぱなしだった。

「ほら、オレのガールフレンド」と小林さんがタブレットを見せてくれた。若いきれいな女性が写っている。僕は小林さんのウィットになんとかついていきたい一心から、自爆覚悟でこんなことを言った。

「さすがラーメン屋さんだけに、メン食いですねぇ」

すると小林さんはちくわをくわえたような顔で固まった。あ、やべ、と思ったら、小林さんは感心したように唸ったのだ。

「うまいこと言うねぇ！」

えっ、えっ、いまのでよかったですか⁉

まだまだ続くよ、笹塚の昭和ワールド

店を出るとすっかり暗くなっていた。

少し走って「モシャ カフェ」に寄った。「福壽」に行く前に見つけていたのだ。

外観からして古そうだったが、店内はさらに輪をかけてレトロだった。深海クラゲのような電灯も、なめし革のように光る木の椅子も、幻燈を見ているようだ。

店主は30代ぐらいに見える。聞けば、古くからあった喫茶店を居抜きで借りたそうだ。

「僕は8年目ですが、その前は40年ぐらいやっていたみたいです」

店内はほぼ何も変えなかったらしい。

「福壽」を思わずにはいられなかった。息子さんは継ぐ意思を伝えたが、小林さんが「やめなやめな」と突っぱねたらしい。もっといい仕事がある、と。

いずれ「福壽」はなくなるのだろうか。部外者の勝手な思いだけれど、このカフェのように残ってくれたらどんなにいいか。街から〝におい〟が消えていくのは、どうもやりきれない。

明治大正の建築物だけでなく、昭和の建物の保護政策も始めていいんじゃないかと思う。

何もかも新しい町なんて、味気ないじゃないか。

「モシャ カフェ」にはお酒や洋風居酒屋メニューもあった。キッシュを注文する。食べた瞬間、「お」と料理に目をやった。店のたたずまいがあまりに素敵だったから、味より雰囲気重視の店だろうと勝手に考えていた。

しかし、料理はすべて手ずからつくっているという。なるほど。こういう店を借りて、残そうとする人なのだ。

食後のコーヒーも、ふくよかなコクがあり、店の雰囲気によく合っていた。本をゆっくり読みたい気分だ。

そう、やっぱり僕は、ただ旨いものを食べるだけじゃなく、味も空間もすべて体に取り込み、振り返れば輝きを放つ時間を、自分の中にたくさん刻んでいきたいのだ。

料理に感動したときは言葉にして伝えるようにしている。「福壽」に続いてここでも胸に沁みる味をいただいた。店を出る際、店主に向かって思わず口をついて出たのは、なんの飾りもない、心からの言葉だった。

「いい時間でした」

街ぶら派の自転車選び、その1

ポタリング用の自転車はなんでも構わない。むしろママチャリなんかのほうが合っているような気がする。ママチャリは日本が誇る名品だ。最大の利点は視界。前かがみになるスポーツ自転車と比べて段違いに視界が広い。スピードを問わないどころか、のんびりこいだほうが楽しい街散歩にはもってこいだと思う。

ただ、短所はその姿勢ゆえに全体重がお尻にかかり、1日乗ると尻が痛くなるということ。スポーツ自転車の前傾姿勢は風の抵抗を減らすだけでなく、体重を腕や足に分散するという意味もあるのだ。また、鈍足はやはり欠点にもなる。時速40㎞で走れる自転車と時速20㎞でしか走れない自転車とでは、同じ時速15㎞でこいでも体への負担が違う。また飛ばしたいときに飛ばせないのは、不自由さへとつながって本末転倒だ。そのうえママチャリは畳んで電車にのせる、いわゆる「輪行」が基本できないのが辛い。自分でこいで戻らなければならない。自宅から離れれば離れるほど帰りが億劫になる。しかも遅い。自転車での移動を〝苦役〟に感じる人はそのあたりが原因だろう。逆にいえば、輪行ができれば、すこぶる自由で快適な旅への扉が開かれる。どこまでも好きなだけこいで、もういいかなと思ったところで自転車を畳んで電車に乗ればいい（P94その2へつづく）。

第3章

商店街に最後まで残った店

――雑司が谷

東京中心部が田舎村に見える瞬間

池袋駅から1㎞ほど南東に、雑司ヶ谷霊園がある。夏目漱石、小泉八雲、泉鏡花など、文人が多く眠る地だ。その近くに昭和なラーメン屋があると聞いた。

阿佐ヶ谷から雑司が谷までは約9㎞だ。のんびり走っても1時間足らずで行ける。これじゃ腹も減らない。

そもそもなぜ自転車か、というと第一に腹を減らすためだ。子供の頃から食べることに異様に執着心のあった僕は、晩飯がすき焼きだとわかると、腹を空かせてよりおいしく食べようと町内を駆けまわっていたほどなのだ。

第二に、運動することで、ラーメンなど高塩分高カロリー料理を高笑いしながら食べるためだ。1日に大量の汗を流す本気の自転車旅行だと逆に、塩分とカロリーを摂るためにラーメンを食べ、スープを全部飲む。中国を走ったときはほぼ毎日昼は麺だった。ペダルをこぐとなぜか無性に麺が食べたくなる。自転車と麺には銭湯とコーヒー牛乳のような親和性がある。

というわけで、また道に迷いながら走りまわって腹を減らそう。

寒さもまだまだ厳しいある日の昼、自宅を出発。気ままに細い路地に入っていくと、いつの間にか見たことのない景色が広がっている。この瞬間から僕は自由になる。今日はどんな〝お宝〟に出会えるだろう。

軽やかな気分で走っていると、早速好物が現れた。染みやカビが浮いたモルタルの「看板建築」だ。かなり古そうな建物だが、やはり酒屋だった。

「看板建築」とは、道路側の壁を一枚の看板のようにして建てる商家の建築様式のことだ。大

よく見るとかなり不思議な建物です

正から戦後にかけて数多く建てられた。

このとき見つけた看板建築はちょっと変わった構造だった。一階は横に長い酒屋で、二階は2軒の家に分かれているのだ。……二世帯住宅？　この時代から？

それより目を引いたのは、一階の酒屋のシャッターだった。2世帯分の横に長いシャッターはすべて閉まっており、その全面に前衛的な絵が描かれているのだ。雨だれのようなカラフルな模様やユートピアのような世界、そしてその中央には、エイリアンの幼生と恐竜を掛け合わせたようなモンスター……なんじゃこりゃ？

レトロな建築とモダンアートの融合といったところか。過疎地を活用したアートフェスの作品みたいだ。やっぱり阿佐ヶ谷なんだよなぁ。どこか狂っている。

その向かいにはジブリのアニメに出てきそうな和洋折衷の古い家があった。アーチ風の門に菱形の窓枠、矢羽のような模様の破風等々、凝った意匠を細部にちりばめ、こちらは建物自体がそのままアート作品のようだった。

建てられたのは戦前か戦後か。いつも思ってしまうのだ。いま建てられている家たちが50年後、これほどの色気を帯びるだろうかと。

それにしても寒い。予報だと今日の最高気温は5℃。寒風が吹き荒れ、顔が紙やすりでこすられるように痛い。

蕎麦屋の店頭に手書きメニューが出ていた。

《春野菜天ぷら》

「……」

なんの冗談かと思ったが、いまは2月中旬。たしかに暦の上では春だけど、無理があるよなぁ。そう思いつつ、現れた寺の境内に入ってみると、梅が咲き始めているのだった。

隣の神社に入ると、境内には「力石」があった。力試しや力比べに使われていた石だ。地方を旅しているとたまに見かけるが、東京にもあったんだ。

担ぎ上げるなんて絶対無理だろうと思える巨石が十数個。それぞれ字が刻まれている。

《上村 五拾〆余 新太郎》

〆というのは「貫」だ。「50貫あまり」ということは200kgほどか。昔の人はほんとに持ち上げたのだろうか?

《上村》という字にも惹かれた。いまここは杉並区で、新宿まで電車で10分少々といった場所だ。そんな都心部に近いところもかつては村だったのだ。ふんどし姿の男たちが力比べをしている図が頭に浮かんだ。

いまはなんという地名だろう。道路に出ると、街区表示板に《白鷺》という文字が見え、ぞわっとした。田園風景が一瞬、目の前に広がった気がしたのだ。

さらに細い路地を縫うように走ると、寺や神社が次々に現れた。五重塔がいきなり住宅街に立っていたりする。

先月、ミャンマーを自転車で走って、いたるところに金色の仏塔や寺があることに感心した

鷺宮八幡神社の境内にあります

のだが、日本も似たものかもしれない。僕にとっては日本の寺社は当たり前すぎて普段は目にも留まらないが、外国人の目には、日本もミャンマーなんかと同じように神や仏だらけの国だと映っているんじゃないだろうか。

青春（？）が詰まった街のにおい

雑司が谷の方角は西北西だ。コンパスを見ながら適当に路地に入っていく。商店街に出たところで、ふいに肌が痺れた。えっ、もしかして……。

《沼袋》という表示板が見えた。

「やっぱり……」

友人Yが住んでいた町だ。世界一周自転車旅を終えた直後、彼のアパートにしばらく居候させてもらっていたのだ。

Yはバイクで世界一周したあと、カメラマンになろうと、ここ沼袋の線路沿いの安アパートに住んだ。家賃は2万円台で、風呂ナシ、トイレ共同、電車が通るたびにCDの音が飛び、コップ酒が揺れた。僕は僕で物書きになる夢を抱え、Yのアパートで原稿を書き、企画書をつくり、出版社まわりをしていた。ふたりともお金はないけれど、夢とがむしゃらなエネルギーと無鉄砲さだけはあった。

たかだか15年ほど前のことだが、大昔のように思える。街が一変したせいか、僕の記憶力が悪いせいか、見覚えがあるのは川と橋と牛丼屋ぐらいだ。それなのに、さっき商店街に入った瞬間、街の空気に懐かしいにおいを嗅ぎとり、肌が痺れたのだ。鮭が故郷の川をにおいで嗅ぎわける話が頭に浮かんだ。

当時のYのアパートを探してみた。線路沿いだったからすぐに見つかるだろうと思ったが……ない。しつこく探したけれどない。沿線の一部は再開発の工事中だった。あの木造アパートも取り壊されたのかもしれない。Yは知っているだろうか、と思った。今度会ったとき、酒の肴にしよう。

Yはその後、カメラマンとして成功し、いまは立派なマイホームに妻子と住んでいる。

郷愁に浸りながら時計を見ると、14時過ぎだった。

「あかんがな！」

目指すラーメン店の昼の営業は15時までだ。家を出たのが12時。余裕で間に合うと思ったのに。

徘徊をやめ、西武新宿線に沿ってまっすぐ走る。レトロな黄色い電車が僕の横を走り過ぎていく。

山手線をくぐると、都電荒川線の線路に出た。東京唯一の路面電車だ。一両の車両が道路の上をゴトゴト走っていく。いいなぁ。電車を追いかける。何台かに一台、大正ロマン風のレトロな車両がやってくる。

《面影橋》と書かれた停留場に出た。名前までノスタルジックだ。カメラを出し、画角を決める。レトロな車両を待つ。来た。パシャ。モニターを確認する。……イマイチやな。次のレトロ車両を待つ。現代風の車両を何台もやり過ごす。時計を見ると、14時50分。

「あ、あほか！　店終わるがな！」

あ、来た。パシャ。

どうしよう。昼の営業にはもう間に合いそうにない。夜は17時からだ。

じゃあのんびり行こうか、と都電の線路周辺をうろうろ走ることにした。

終点の早稲田停留場を見にいき、そのあとUターンして線路沿いにポタリングする。

4つ目の停留場、鬼子母神前を過ぎると、右に折れた。ラーメン店はたしかこのあたりだ。先に場所だけ確認しておこう。いまだにスマホを持っていない僕の〝ナビ〟は、地元住民の皆様だ。わからなかったら聞けばいい。

商店街が現れた。におう、におうぞ、とペダルを回していると、《雑二ストアー》と書かれた赤い庇テントが見えた。

雑司が谷２丁目にあります……ん？

「……こりゃ一体どういう店だ？」

小さな横道が小さなアーケードになっていた。出口がすぐ向こうに見える。その入口に《雑二ストアー》の赤い庇があるのだ。アーケード全体がひとつの店ということだろうか？　それより、なんて読むんだろう。……ぞうに？

自転車をとめ、歩いてその中に入ってみる。

狭いが人がすれ違うのに支障がないぐらいの幅はあった。営業しているのは一軒の八百屋だけだ。八百屋を過ぎると、長屋のような建物が現れた。出入口がアーケードの内側についている。昔は子供たちがアーケードの中を駆けまわっていたのだろうか。

長屋には飛騨の古民家のような格子がついていた。ほら穴のように暗いアーケードの中に、黒い格子戸が並んでいるのだ。ディープな雰囲気にぞくぞくする。こんなところが人知れず残っているんだもんなぁ。

せんべいを求めて、路地に吸い込まれていく

さすがに腹が減ってきた。時計を見ると15時過ぎ。朝から何も食べていないのだ。「雑二ストアー」を出て再び商店街をふらふら走ると、路地から香ばしい匂いが漂ってきた。せんべい屋だ。黒ずんだテントの庇に色褪せた看板と、これまたいい感じの店だ。看板には毛筆体で《塩バターせんべい》……こういう味って昔からあったの?

写真を撮っていると、人がどんどん店に入っていく。出てくる人は両手に大量の袋を提げて

帰宅後食べたら盛況なのも頷けたせんべい店「小倉屋」

いる。

出てきたおばさんに声をかけ、「ここ、おいしいんですか？」と聞いてみると、おばさんは目を輝かせ、「おいしいですよ〜」とにっこり笑った。

中に入ると、昔の駄菓子屋のようにいろんな味のせんべいが棚に並んでいる。にんにく味、焼きおにぎり味、コーンポタージュ味、こしょう味、わかめ味……老舗っぽい店なのに、ずいぶん攻めている。

売り場のすぐ横が工場で、大時代的な焼き機が見えた。職人風のおじさんが少女と遊んでいる。話しかけてみると、おじさんは陽気に答えてくれた。

「創業67、8年かなぁ。え、おすすめ？　そんなのないよ。目玉商品を決めたほうがいい、ってよく言われるんだけど、味覚なんて人それぞれだからね。好みだよ。アンケートをとって好みの傾向を分析、みたいなことをウチがやっても仕方ないから。俺は自分が好きなのをつくるの。遊びでやってんだよ。麦茶味とかウーロン茶味とかは全然売れなかったからすぐやめたけどね。はっはっは」

石油バーナーを使って鉄板で焼いているという。古めかしいその見た目から「焼き機は創業当時からのものですか？」と聞くと、とんでもない！　と主人は答えた。

「高温で焼くから20年でダメになるよ」

3種類のせんべいを買った。腹が鳴って仕方がない。すぐにでも食べたかったが、主人と長話をしたおかげで16時をだいぶまわっていた。ラーメン店の夜の営業開始までもうすぐだ。

とりあえず店を探そう。鼻をヒクヒクさせながら、周辺をぐるぐる走る。

雑司ヶ谷霊園に出た。背後にビルが並んでいる。いかにも都心の墓地だ。

店は墓地のそばだと聞いているが、墓地自体がえらく広かった。こりゃ探すのは骨だぞ。

嗅覚を頼りにこいでいると、路地の奥に石造りの古い蔵が見えた。渋いな。大谷石かな。

引き寄せられるようにその路地に入っていくと、いきなり《中華そば》の看板が現れ、ワッとのけぞった。目的地だ。ほんとに嗅覚だけで着いちゃった……。

それにしても素敵な店構えだった。赤い庇テントはちゃんと黒ずんで汚れ、看板は寄席文字だ。濃い霧のような昭和ノスタルジーに包まれている。店名がまたインパクト抜群だった。
《中華そば ターキー》
なんでターキーなんだろう？
昼めし抜きで走りまわったおかげで、腹も最高潮に鳴っていた。〝よりおいしく食べる〟ための準備は、完璧に仕上がっていた。

店主はなぜ「ターキー」という名前をつけたんだろう？

店の外観は理想的だったのだが、豚骨の強烈なにおいが外まで漏れ出していた。

「ああ、豚骨ギトギト系か……」

かつては商店街だった通りにぽつんと一軒

苦手なやつだ。インパクトが強いから最初は旨いけど、すぐに飽きる。「旨い」にもいろいろあるが、最後のスープ一滴まで旨い、というのがひとつの目安じゃないかと思う。

それにしてもなぜここに店を出したんだろう。まわりに何もない路地裏にぽつんと、人目を避けるように立っているのだ。

店の外観を撮っていると、ドアが開き、店主らしきおじさんが出てきた。僕を一瞥したあと、《準備中》の札を裏返して《営業中》にし、中に戻っていく。17時。夜の部の始まりだ。店主のあとを追うように店に入った。

小さなテーブル3つと、小さなカウンター。学校の近くのお好み焼き屋みたいだ（この比喩が通じるのって、関西人だけ?）。

席に着き、壁に貼られたメニューを見る。

「えっ?」

カレーライス、かに玉、レバニラ、マーボ丼……中華そば屋なのに?

「いろんな料理があるんですね」と声をかけたら、店主は「うちは中華料理屋だからね」と言う。

「看板には『中華そば　ターキー』って」

「登録は中華料理なの。だから電話帳のラーメン屋のページで探してもないよ」

いまは電話帳を引く人が少ないからあまり問題ないかも……。

「おすすめはなんですか？」

「おすすめなんかないよ。みんな好きなものは違うだろ」

どこかで聞いた台詞だ。

「強いて言えば、水かな。それと白ご飯」

店主はそう言ってニヤリと笑う。一見寡黙で怖そうなおじさんだが、しゃべりだすと饒舌だった。

「若い女の子はだいたい『おすすめは？』って聞くんだよ。知っててウチに来てるだろうにね。ネットなんかで調べたりしてさ。でないとこんな墓場の近くに来ないよ。言ってやるんだ。夏目漱石の幽霊もたまにラーメン食べにくるよって」

「あはは。でもなぜこの場所に店を出したんですか？　まわりには何もないのに……」

「違うの。この通り、昔は商店街だったんだよ」

「えっ⁉」

「八百屋や魚屋、なんでもあったんだ。向かいの電気屋も去年とうとう閉めてしまった」

商店街で最後に残ったのが中華そば屋だった、ということか。心を打つものを出せば、客は遠方からでも来る。すでにつくられたものを売る小売店では難しいけれど、飲食店ならできる。

「いつからお店を？」

「昭和50年からだから、今年で44年目だね」

大学を出たあと、運輸会社に勤めたらしい。8年勤めて仕事にも飽きたところで、ラーメン店を開こうと考えた。

「昔からラーメンが好きだったんだよ。東京のラーメンを食べ歩いて研究したんだ」

「なぜターキーという名前にしたんですか？」

「新宿に『七面鳥』って店があってね、中学生の頃によく食べたんだけど、ラーメンが本当に旨かったんだ」

英語だとターキー。念願だった自分の店に、その名を付けた。「七面鳥」の味に惚れ込んでいたのだろう。

「いまはその店って……」

「さすがにもうないよ。60年前の話だからね。ただ、暖簾分けした『七面鳥』が高円寺にあるって話だな」

カウンターからは厨房がよく見えた。44年の歴史が詰まったコンロや壁は油が行き渡り、船の機関室のようだ。

寸胴のスープには豚骨など食材がぎっしりと詰まっていた。店の外まで香るわけだ。

「大事なのはケチらないこと。最近のラーメン屋は材料をケチって楽しようとするから、旨く

44年の歳月が染みついた迫力満点の厨房

ないんだ。うちは毎朝新鮮な材料で仕込んでる。仮にスープがあまっても翌日に持ち越さずに廃棄してる」

ラーメン、半チャーハン、餃子を注文すると、店主は餃子を包み始めた。

「注文が入ってから包むんだよ。つくりおきや冷凍はダメ。ちゃんとやれば旨いんだ。にんにくは青森県産だよ。中国産の10倍高いけど、やっぱり旨いからね」

ああ、もう食べる前からわかった気がする。商店街でなぜこの店だけが残ったのか。

「脂を足してコクや香りを出すのは邪道だ」という一杯

まずはラーメンがカウンターにのせられた。あれ？　店の外にあんなに豚骨のにおいが漏れていたのに、ギトギト系には見えない。

「香味油やラードは入れないからね。脂は豚骨や鳥ガラから出る分だけ」

脂は膜になっておらず、細かい水玉模様になって浮かんでいるだけだ。

料理がどんどんあがってきた。撮影も大変だ。パシャ、パシャ、角度を変えてパシャ、料理の並びを変えてパシャ、露出を変えてパシャ、って、もうええわ！　麺がのびるわ！　とカメラを放り投げ、ルパンが不二子ちゃんに飛びつくようにラーメンにダイブ、スープをすすると、ピカーッと目の前が光った。

「キター！」

なんときれいな旨味だろう。醬油の香気が風のように吹いたあと、豚骨や鳥ガラの澄んだ滋味が広がっていく。油分も塩分も控えめで、店の外に漏れ出ていたにおいとは裏腹、かなりあっさりめだ。なのに物足りなさがまったくない。旨味と香りがしっかりあるからだ。大事な

食い気に急かされながら撮った「ターキー」のラーメンと餃子

のは材料をケチらないこと――。それがこの味になるのか……。

岩手県久慈市の老舗「千草」のラーメンが頭に浮かんだ。僕が日本一好きなラーメンなのだが、そこのスープは丼一杯に対して丸鶏が半羽も入っている。香味油も一切使っていない。

大半の店が香味油で香りやコクを足したり、あるいは油分や塩分を濃くしたりしているのは結局、味の足りなさを糊塗するためなんじゃないか。そんな風にさえ思えてくる。

中太麺をすすると、ツルツルしてコシはあるものの表面はやわらかく、スープをほどよく吸っていた。小麦とスープが交わった馥郁たる香り。昼飯抜きで飢えに飢えていた僕は我を忘れ、獣と化した。ラーメンをすすり、餃子にかぶりつき、炒飯をかっこみ、またラーメンをすする。繰り返される愉悦のループ。すべて平らげたあと、ラーメンの丼を持ち上げ、スープを飲み干した。はああ、最後の一滴まで旨い。これだ。

「うちはリピーターが多いんだよ」と店主。

わかる。僕も必ずまた来る。いや、待てない。

「ラーメンお代わり！」

その言葉が喉まで出かかった。

ところが、店主としゃべりまくっていたら、いつの間にか18時をまわり、客がどんどん入ってきた。すでに1時間以上も長居しているのでこれ以上は居づらかった。仕方なくお会計をしてもらい、店主に礼を言って外に出た。

かつて商店街だった通りはすっかり真っ暗になっていた。寄席文字の《中華そば》の看板だけが白く灯り、闇に浮かんでいる。変わっていく街並みの中で、ここだけが昔と変わらず〝絶対の価値〟を提供し続けているのだ。そんなことを思った。

〝ターキーを巡る旅〟は、しかし、まだまだ終わらないのである。

カオスの扉を開けると、そこはパラダイスだった

ホタテ、ハマグリは当たり前、牡蠣にあん肝、果てはトリュフにエトセトラ。かつての常識を覆す食材を使い、ラーメンは日々新たな高みへと向かって進んでいる。有意義なこ

とだと思う。進化があるから人は熱狂する。業界が盛り上がる。

ただ、〝一発当てたろ感〟のある主張の強いラーメンは往々にして僕には味が濃すぎるのだ。塩分も脂分も強すぎる。東京あたりの行列店はとくにそう。つくる側も食べる側も、インパクトを求めて、どんどん過剰になっているんじゃないだろうか。そういうラーメンは一杯食べるのもしんどい。店の主張に疲れてしまう。

考えてみると、ラーメンをお代わりしたくなったのなんて、人生で2回目じゃないだろうか。これまでお代わりしたのは「千草」のラーメンだけだ。そもそもラーメンはどちらかというと飽きやすく、お代わりしたくなる料理じゃないように思う。

最後の一滴まで旨いかどうかがひとつの目安だと書いたが、それを越えてもう一杯食べたくなるというのは、あるいは至高の形かもしれない。

自転車に乗り、夜の町を走り始めた。あんなに食べたのにもう腹が減ってきた気がする。旨いものを食べるとすぐに腹が減るように感じるのはなぜだろう（僕だけ？）。悦びが胃や腸を活気づけるからだろうか？

《南池袋》という街区表示板が見えた。渋い喫茶店があればひと息つこうか。

そう思った矢先、頭頂部の髪が妖怪アンテナのようにピンと立ち、次の瞬間、昭和風情漂う雑居ビルが現れた。看板には昭和ならではの毛筆体のロゴで《サン浜名》。その横に同じく毛筆体で《喫茶、中華、うなぎ、和食》……何屋さん？

そのごちゃ混ぜ感も見た目も、そして店名も、昔の田舎のドライブインみたいだな、と思った。池袋なのに。

一階と二階が店舗のようだった。一階の外観はいかにも和の定食屋だが、二階はなんだろう。窓から電飾が光っているのが見える。《喫茶、

まさに浜名湖畔にありそうなお店。天井の電飾が入店を躊躇させます

中華》はこっちか。

貼り紙だらけの細い階段を上って二階に行くと、アーチ型の木の扉が現れた。70年代のジャズバーといった雰囲気だ。いろいろカオスだなぁ。

扉の向こうにはきっと別世界が広がっているにちがいない。期待とかすかな不安を胸に、ドキドキしながらドアを開けると、

「キター！」

そこは別世界どころか、郷里と呼ぶべき場所だった。壁じゅうにびっしりと飾られた阪神タイガースグッズの数々。僕もまた熱烈な虎ファンなのだ。

店主らしきおじさんが常連らしき客たちと盛り上がっている。「コーヒーだけでもいいですか」と聞くと、おじさんはやわらかい笑顔で「いいですよ」と答えた。

カウンターは常連たちで埋まっていたので、奥のボックス席に座った。外から見えていた電飾が天井付近でキラキラ灯っている。おもちゃの提灯もたくさんぶら下がっていた。

ボックス席には阪神グッズではなく、メニューから抜粋された料理名が、壁の隙間を埋めるかのようにペタペタ貼られ、その多くに《おすすめ》の文字が打たれていた。ざっと

数えてみると《おすすめ》は約30品。「ん?」と首をかしげる料理名もちらほら見える。《カレー餃子》《レバフライ》《きくらげ定食》《肉やさいケチャッピ》……ともあれ、四方の壁から30もの料理が「おすすめ!」「おすすめ!」と迫ってくる中、注文を取りにきた店主にコーヒーとだけ告げるのはかなり気が重かった。

すぐにコーヒーが運ばれてきた。店内にはBS放送の寅さんが流れている。

店名のサンはサンテレビのサンじゃなかった

最前から感じていた空腹は本物だったのか、コーヒーを飲んでいると、本当に小腹が減ってきた。壁じゅうに貼られた《おすすめ》の圧力に、結局僕は簡単に屈し、エビ餃子を頼んだ。

半透明のプリプリした丸っこい蒸し餃子を想像していたら、見た目は普通の焼き餃子が運ばれてきた。食べてみると、肉餃子の中にエビの切り身が入っている。あれ? と意外な思いがした。電飾やおもちゃの提灯や肉やさいケチャッピなどから繊細な味は期待していなかったが……旨いな。

餃子を食べたらさすがに満足するだろうと思っていたのに、ますます腹が減ってきた。ええい、行ってしまえ。

「すみません、追加でタンメンひとつ」

1軒目のターキーと合わせると、餃子2皿、炒飯、ラーメン、そしてタンメンと実に5品にもなる。おっさんがこんなに大量に晩飯を食べていいのだろうか？　――いいのだ。自転車でカロリーを燃やしているから。

さあ、タンメンが来た。

正直に言うと、これも期待していなかった（ごめんなさい）。それだけにまたしても、あれ？　と思った。5品目だけに、さすがに途中で残すだろうと思っていたのに、麺の最後の一本、キャベツの最後の一片まで止まらぬ勢いで食べた。そもそもまずいラーメンなんてものはこの世に存在しないのだ、とまで思った（ところが、この数日後、ネットの口コミでやたらと評価の高い店に行って長蛇の列に並び、ラーメンを食べたら、眉間に深いしわが寄るほど塩辛くて、まずいなんてもんじゃなく、なんでみんなこれに並ぶんだ？　とわけがわからなくなった。好みというのはほんと謎だ）。

お会計のとき、店主とタイガース話で盛り上がった。プロ野球はこれだからいい。すぐに仲間になれる。

店のことを聞くと、店主は41年目だと答えた。

「えっ、そんなに？……マスターは二代目ですか？」

店主も常連さんたちも含んだ笑い方をした。えっ、初代ということ？

「何歳に見える？」

合コンの会話か？　と思いつつ、「……50代ですよね？」と言ってみた。

「ふふふ、71歳」

「えっ!?」

これにはたしかに驚いた。壁じゅうに30品もの《おすすめ》が貼られていた光景が脳裏によみがえってくる。熱量がある人は、やっぱり違う。

「ところで『サン浜名』ってどういう意味なんですか？」

「私の親父が昔『太陽軒』という店をやってて、それを引き継ぐ形になったんだけど、太陽軒なんて古臭い名前は嫌だったんです。だから太陽を英語にして『サン』。で、私が浜名湖近くの出身だから『サン浜名』。こっちの名前のほうが新しいでしょ」

いや、どちらかというと「太陽軒」のほうがまだ……と喉まで出かかった言葉を呑み込んだ。時代が一周したのだ。

外に出て、自転車のチェーンロックを外し、サドルにまたがった。

夜の町がするする流れていく。ペダルがやけに軽かった。気ままに街を泳ぎ、直感で古い店に入る、そんな旅の仕方は、ネット情報に翻弄されるより自由だし、おもしろいし、それにもしかしたら精度も高いのかもしれない。

夜風が頬をなでていく。日中、紙やすりでこすられるように冷たかった風は、春が遠くに感じられるぐらいやわらかくなっていた。

中華そば

街ぶらチャリダーのこだわり❸

街ぶら派の自転車選び、その2

（P62「その1」の続き）

自転車を畳んで手荷物にし、電車にのせる、いわゆる「輪行」ができれば、自転車旅自体が劇的に変わる。帰りは電車に乗れる、という前提があるだけで自由にこげる。初めて輪行旅をやったときは想像以上の解放感を覚え、これこそが自分の求めていた旅だ、と思った。

だからやはりお勧めは輪行可能なスポーツ自転車になる。ポタリングなら5万円前後のクロスバイク（ロードバイクとマウンテンバイクを足して2で割ったような自転車）で十分だ。もっとも、値段とともに快適性は上がる。10万円も出せば散策の楽しさに加え、走ること自体の気持ちよさもより味わえるだろう。

ロードバイクは速く走ることに特化した自転車なので街散歩に最適とは思わないが、もちろん悪くない。ちなみに僕の自転車はパナソニック製。ランドナーという旅用の自転車だ。懐古的な自転車で、まぁ趣味で乗っている。

輪行のやり方は動画サイトにたくさん出ている。慣れは必要だが、慣れればなんてことはない。かくいう僕も超が付くメカ音痴だ。

それでも苦手意識が勝る人は折り畳み自転車もいい。走行性能は落ちるが、10万円以上のタイプだと本格的なツーリングもできるから、ポタリングには支障ないだろう。

第4章

レトロな街で「七面鳥」を追いかけた

——高円寺

惚れたラーメンのルーツを探す旅に出る

「中華そば　ターキー」の店主、甲立一雄さんから聞いた話が気になっていた。

新宿の「七面鳥」という店のラーメンが好きで、中学生の頃よく食べたらしい。時を経て、己の舌を頼りに研究を重ね、29歳で雑司が谷に店を出した。店名は「七面鳥」にあやかって「ターキー」。

よっぽど「七面鳥」の味が気に入っていたんだろう。自分の店の名前にするくらいだ。甲立さんの味のルーツといっていいかもしれない。

新宿の「七面鳥」はなくなったが、高円寺に暖簾分けした「七面鳥」があるという。ターキーのラーメンを食べたとき、僕はにわかに活気づいた。この味の源流であろう新宿「七面鳥」のラーメンを、高円寺の店は引き継いでいるかもしれないのだ。その味はターキーと通じているのかいないのか。おもしろそうだ。ようし、味の系譜をたどる壮大な旅に出かけよう！……って、高円寺は僕の家から2㎞ぐらいなんだけど。

桃の節句を過ぎたばかりのある日の午後、自転車にまたがり、地面を蹴った。日は長くなってきたが、春と呼ぶにはまだまだ寒い。街を歩いているのはコートやダウンをまとった人ばかりだ。

生活圏を越えたあたりから、見知らぬ細い路地に適当に入っていく。今回はコンパスも見ずに走る。なんせ隣町だ。どれだけ迷ったっていい。

と、いきなり〝お宝〟発見！　旅館のような大きな古民家だ。南向きの壁のほぼ全面が木枠のガラス窓になっている。すわ手延べガラスか⁉　と一瞬興奮したのだが、水に濡れたようなあの風合いは見えなかった。

ＪＲの中央線沿いには、こういった田舎のおじいちゃんの家のような古家や、古い商店街が多いから散歩のしがいがある。

和歌山の田舎から出てきた僕が阿佐ヶ谷に住もうと決めたのも、第一にレトロな町並みが気に入ったからだった。

実は途中から隣の高円寺も候補にあがった。同じ中央線だし、阿佐ヶ谷より都心に近いのに（ひと駅だけど）、安アパートの家賃は全般的に安かったからだ。

で、下見に行ってみると、ジーンズが尻までずり落ちてパンツが丸見えの若者がいたので「パンツ見えてるで」と教えてあげようと思ったら、そこらじゅうパンツ丸出しの兄さんだらけだった。7年以上日本に帰らず海外の田舎をうろうろしていた僕は〝腰ばき〟を知らなかったのだ。高円寺はヤングな町だった。この町では落ち着いて原稿が書けないと思い、阿佐ヶ谷一択になった。


迷路状に入り組んだ路地をくねくね走っていると、小さな池に出た。あれ？　和田堀公園だ。途端におかしくなる。東を目指したのに、思いっきり南に来ているがな。僕は極度の方向音痴なのだ。

それでも懲りずに見知らぬ路地に入っていくと、どこがどこやらさっぱりわからなくなった。そこで歩いている人をつかまえ、「高円寺駅はどっちですか？」と、隣町なのに何してるねん？　と思いながら道を聞いた。

やっと駅前通りに出ると、また人に聞きながら、「七面鳥」を探す。

ん？　この通り、見覚えが……。

そうだ、最初の旅で来た道だ。高円寺に「高円寺」という寺があることを知って、ひとりでウケたあの道だ。

あれ？　あ、七面鳥！　見つけた、やった、建物めっちゃ古いやん！

モルタルの壁は雨に濡れそぼったように黒ずみ、テントの庇はいつから替えていないんだろう、と思うぐらい汚れている。

間口が狭く、奥に長い典型的な町家造りで、正面は一枚の壁のようになった看板建築だった。間口の狭さを見ると、昔は同じような看板建築がぎゅうぎゅう詰めに並んでいたんじゃないかなと思うが、いまは「七面鳥」一軒だけだ。右

ぽつんと一軒だけ取り残された昭和

隣は駐車場になっているので、奥行きの長い側面があらわになっている。

そのすぐ先に、例の「高円寺」の石柱が立っていた。とほほ、俺の目は節穴かぁ。「七面鳥」の見事な看板建築に前回は全然気付かなかったんだから。〝お宝〟アンテナには自信があったんだけどな。

店の前には使い込まれた立て看板があり、《只今休憩中です》という札が出ていた。時計を見ると16時40分。夜の営業再開までもうすぐだろう。それまで街散策でもするかな、と高円寺駅に行った。

活気のある町を見ても、歩いている人を見ても、やっぱり高円寺は若者の街だった。隣の阿佐ヶ谷とは年齢層がたぶん10は違う。そういや、パンツ丸出しの兄ちゃんを見なくなったな、と思い、人々の服装を意識して見だすと、スカートをはいた兄ちゃんがいたり、オーバーオールを着たピエロみたいな恰好のおじさんがいたりする。おもしろい街だが、住むなら落ち着いた風情の阿佐ヶ谷かな、やっぱり。

ただ、〝宝探し〟を前提に見始めると、街はガラリと変容するのだ。

欧風の街並みを壁一面に浮彫りにした古い建物に、二階家がごちゃごちゃ並ぶ昭和ノスタルジックな飲み屋街、はたまた二階の窓から大量の雑草があふれ出た何かの店……なんの店だろう？　こじんまりした家電店の前では思わず自転車をとめた。アニメ創成期にデザインされたような少年がマスコットとして看板に描かれ、その横には筆文字で《合理性と人間性にあふれた近くの大型専門店》――お宝だらけやないかい！

おもしろい店名も多かった。古本屋の「アニマル洋子」に、古道具屋の「背骨」、喫茶店の「七つ森」……これは宮沢賢治からかな？

その「七つ森」はお宝群の中でも特別古そうだった。蔵を模したファサードに格子のガラス戸と格子窓。ガラスの向こうに見える店内には、

あと「具体性」があったら完璧！

ランプのような明かりが複数ぶら下がっている。味のある街には、やはりいい喫茶店がある。

正直、高円寺に住む人がちょっとうらやましくなった。阿佐ヶ谷は僕が住み始めた14年前と比べると、古い建物がずいぶんと減ってきている。いまではもしかしたら高円寺のほうが街に妙味があるかもしれない。

夕闇が濃くなり、街に明かりが灯り始めた。そろそろいいかな、と駅前をあとにする。

夜になると、「七面鳥」はますます幻影のような雰囲気になっていた。余計なものは闇に消え、店の強烈な個性だけが明かりに浮かんでいる。色褪せた暖簾に、汚れの目立つ庇、すりガラスの戸……その様子はリアルに昭和30年代

夜になるとますますタイムスリップ

だった。

高級寿司店のカウンターで450円のラーメンを食べるのだ

中に入ると、意外なものが目に入った。高級寿司店で使われそうな白木のカウンターだ。外観からは想像もつかなかった。というより、そもそも大衆中華の店（街中華というよくわからない言葉は使わない）に白木はかなり珍しい気がする。壁や天井は黄ばんで染みが浮き出たり、板張りの部分は油で黒光りしたりと、古色濃厚な店内の中で唯一、白木のカウンターだけが真新しく、まわりから浮いて見えた。

18時前なのに、すでにお客さんが何組かいた。中華鍋をカンカン鳴らす威勢のいい音が厨房から聞こえてくる。

若い店員さんにノーアポであることを詫び、取材させてもらえないか聞いてみた。

「いいですよ」と彼は人あたりのいい顔で微笑んだ。

彼はこの店の三代目で、厨房で中華鍋を振っているのが彼の父親らしい。ルーツはやはり新宿の「七面鳥」で、そこから暖簾が分かれ、彼の祖父の姉が戦後、成城に「七面鳥」をオープン、次いで彼の祖父が出したのがこの高円寺の「七面鳥」だ。いまでは「七面鳥」の名を遺すのはここだけになった。雑司が谷の「ターキー」の話をすると、ご存知なかったようで、三代目は「へえ」と感心したような表情を浮かべている。

と、一気に書いたが、実際のところ、三代目は次々にやってくる客への対応に忙しく、その合間〻に、邪魔にならないように聞いたのだ。

客が来るたび、彼は「あ、〇〇さん」と朗らかに声をかける。呼ばれた客も笑顔で応答する。地域の人たちから愛されているんだな、と感じる。

創業は昭和34年らしい。外観の迫力も店内の古色も伊達ではなかった。

その中でやはり白木のカウンターは異質だった。伐りたてのような艶があり、木目も美しい。手をのせるとほんのり温かく、すべすべしている。なぜこれだけ新調したのだろう、と思っていたら、三代目は耳を疑うようなことを言った。

「このカウンターも創業当時のものですよ」

木はまだ生きている——ゾクッとした。あるいは、色もニスも塗らない白木のままのほうが、呼吸ができて木にはいいのだろうか？

壁のお品書きを見ると、ラーメンが４５０円と値段も昭和のままだ。

ラーメン、炒飯、餃子を頼んだ。ビールは自転車だから我慢だ。いつもだけれど。

まずは餃子がきた。かぶりつくと、皮が破れて餡が口内にあふれ出す。キャベツのザクザクした歯ざわりが実に小気味よい。包丁切りかな。

続いてラーメンがやってきた。

ネギ少々、メンマ数本、チャーシュー１枚と、見た目はいやにシンプルだ。それだけにナルト

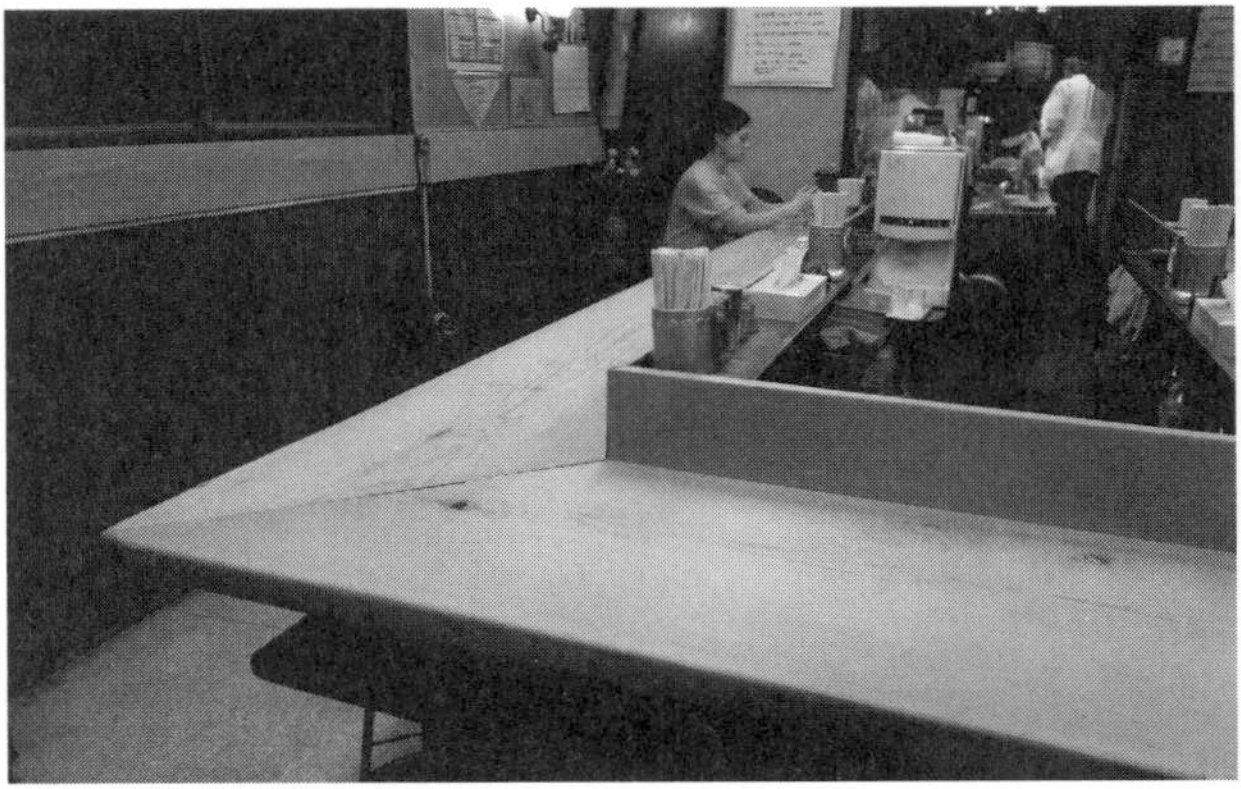
色あせも塗料の剥離もない白木のカウンター

がきいている。ネギ以外はすべて茶色、その中に一点、白地にピンクの渦巻き模様。

そういえば、この一連の旅で訪ねた店で、ナルトがのっていたのは昭和26年創業の「福壽」だけだったな、と思った。初代「七面鳥」の創業も戦後間もない頃か、戦前だという（確かなことはわからないらしい）。東京のラーメンのナルトの有無と時代は関連があるのだろうか。これからちょっと意識して見ていこう。

スープをすすると、目の前に光が射した。ああ、もうただただ旨い。きれいな香りだ。考えてみると不思議だよなぁ。鶏ガラと豚骨からこんなにいい香りが立つなんて。モチモチした麺もスープの香りと旨味をたっぷり吸っている。

湯気までノスタルジック（？）な「七面鳥」のラーメン450円

ちょっとできすぎた話になるけれど、たしかに「ターキー」との共通点を感じるのだ。ラーメンマニアが絶賛するような行列店やニューウェーブ系の店と比べると、塩気が薄く、パンチはない。でも物足りなさはない。旨味と香りが凛と立っているからだ。中学生の頃にこのラーメンを何度も食べて基盤がつくられ、その味を目指してつくっていけば、あの「ターキー」の味になるだろうな、と想像がつくのである。

などとひとりで納得していると、炒飯がやってきた。

これまた懐かしいスタイルだった。昔のチキンライスのようにアーモンド形に成型されているのだ。

炒飯の横には千切りキャベツがのっていた。なんだろう、この心温まる感じは……。食べてみると、卵多めのふわふわしっとりした炒飯で、思ったとおりやさしい味だった。店の人たちの意識の先にあるのはおそらく、いつも食べにきてくれる街の人たちの笑顔だろう。母が家族の健康を思うように、千切りキャベツを添える。炒飯だけなら栄養が偏るから、ちゃんと野菜をとらなきゃ――。

顔の見えない不特定多数を相手に、塩や脂を濃くしてインパクトの強い味にし、ネットで話題→行列店を狙う店とは、味の質が違って当然なのだ。

　客の流れが一瞬止まったのを見計らい、写真を撮らせてもらえないか三代目に聞くと、「いや、僕より父を」と言う。カウンターから厨房の中をのぞくと、高齢のお父さんとお母さんがいかにも人好きのするようなとろける笑顔をくれ、僕もつられるように笑った。ああもう、どの料理もおいしいわけだよ！


　礼を言って外に出ると、入れ替わりに客が入っていった。背後から声が聞こえる。

「あ、○○さん」

　ふいに、街全体が大きな家のように感じられ、

味の決め手は笑顔です

胸の中が温かくなった。やっぱり、高円寺に住む人たち、ちょっとうらやましいかも……。

さあ、もう一軒の〝お宝〟に寄って帰ろうか。

童話に出てきそうな喫茶店で、プリン

「七つ森」も、夜になると現実感が薄れていた。現代的なものは暗がりに消え、蔵造りのファサードと木枠の格子窓だけが闇に黄色く浮かんでいる。店名が店名だけに童話に出てきそうな様子だ。立て看板には擬人化したフクロウが描かれている。

格子のガラス戸を開けると、息を呑んだ。

カウンターのうしろの壁はほぼ全面が食器棚で、ガラス扉の木枠と棚で格子状になっていた。店の正面もほぼ全面が格子窓と格子戸だから、店は半分ぐらいが格子とガラスで構成されているのだ。なんて幻想的な空間だろう。分厚い梁がむき出しになった天井は胸がすくぐらい高く、アンティークなシャンデリアがぶら下がっている。

聞けば、喫茶店の創業は約40年前だが、建物はそれ以前からあって、相当に古いものらしく、何年前のものかははっきりわからないそうだ。

高円寺らしく、店内は若者で混み合っていた。プリンを食べている客が多い。僕もプリンと炭焼きコーヒーを頼んだ。

プリンには黒い粒がたくさん見えた。ちゃんとバニラビーンズで香りをつけているようだ。手間とコストがかかっている。

食べてみると上品な甘さで、卵が濃厚に香った。

炭焼きコーヒーの香りをかぎながら、店内を見まわした。

壁にはアンティークな柱時計が3つかかっていた。どれも時間がてんでばらばらだ。実際の時間とも合っていない。現実世界から解かれたように、空想が自由に広がっていく。

……この家は戦争を乗り越え、さらには関東大震災にも耐えたのかもしれない。あるいはもっと古くから、100年か200年か。いずれにしても、それはほんの一瞬の出来事なのだ。時間は猛スピードで流れ、ビデオの早送りのように街は高速で移り変わっていく。その中で、この家は超然とここに立ち、時代のめまぐるしい変遷を眺めてきたのだ……。

高円寺の印象がすっかり変わっていた。僕はさっきから楽しい秘密を抱えたようにほくそ笑んでいる。現代というのっぺりした平面に、深い穴が開いたような、奥行きのある過去を持つ店が、自転車ですぐ来られるところにあるのだ。「七つ森」しかり、「七面鳥」しかり。……あれ？　どっちも「七」じゃん。

旅のちょっとした偶然は、本人は結構おもしろい。

格子とガラスのファンタジー、「七つ森」の店内

街ぶら派の装備品

日帰りのポタリングなら手ぶらでも行けるが、空気入れ、パンク修理セット、輪行用の工具、輪行袋（輪行の際、自転車を入れる袋）があれば、急なトラブルにも対応できる。

僕は速く走りたいという欲求が皆無なので、荷物の重さも気にせずなんでもかんでも積むほうだ。ただ日帰りポタリングならハンドルに設置するフロントバッグ1個で事足りる。オーストリッチ社製の14・5ℓのフロントバッグを使っている。上部の透明なマップケースに地図を入れ、さらにマップケースのビニール部に方位磁石を両面テープでくっつけている。走りながら方角と地図が見られるのだ。

そのほかの僕の装備品を列挙しておこう。

・空気入れ
・パンク修理セット
・工具（輪行用のアーレンキーなど）
・輪行袋（サドルの下に設置）
・飲料用ボトル（自転車のフレームに設置）
・雨具
・手ぬぐい（途中で銭湯に入るのも乙）
・薄手のフリース
・カメラ
・文庫本（レトロ喫茶で読む）

これらに加え、メーターを自転車につけている。必須ではないけど、あれば楽しい。

第5章

鬼子母神とバラと矢吹丈

——三ノ輪

鬼子母神堂で団子を食べる

都電荒川線は東京に唯一残った路面電車だ。乗り遅れても追っかけていって次の駅で乗れる、という話を落語の枕で聞いたときは、なんかいいなぁ、とほのぼのしたものだ。大都会でゴトゴト、ちんちん、なんて。のんきだねぇ。

前々回、雑司が谷の「ターキー」に行くとき、この〝都電〟に沿ってポタリングをした。といっても「早稲田」から「鬼子母神前」まで、停留場の数で4つ、距離にしてわずか2㎞なんだけど。

停留場は全部で30あり、全線の長さは12.2㎞だから、まだほんの一部しか見ていないことになる。

そのときは3月だったのだが、沿線の観光案内板にこんな文言があった。

《バラの見頃は5～6月と10～11月です》

沿線にバラ？

東京で？

その絵がうまく頭に描けなかった。じゃあその季節に全線を走ってみよう。で、東の端の三ノ輪橋停留場にゴールしたら、その周辺でラーメンを食べよう。あのあたりはディープな下町だったんじゃないだろうか。渋いラーメン屋もありそうだ。

編集長のエベに聞いてみると、こんな返事が来た。

「『あしたのジョー』の泪橋のあたりですね」

これを聞いてテンションが上がらない昭和男子はいない。

ということで、薫風さわやかなある日、自宅から自転車にまたがり、出発した。

僕の住む街、阿佐ヶ谷は東京23区内の西の端だ。対して三ノ輪は東側。つまり23区を横断する形になる（もっと東に葛飾区や江戸川区があるから完全に横断じゃないけれど）。

いつもはすぐに小道に入って〝お宝〟探しに興じるのだが、今回の舞台は都電荒川線だ。そこまでは心を無にして大通りを突っ切っていこう。

と思ったのも束の間、10分も持たず、新青梅街道でブレーキに指がかかった。

僕の〝興味対象〟がきれいに2軒並んでいる。色褪せた庇テントがふたつ。白抜きの字で赤い庇には《ラーメン》、ピンクの庇には《純喫茶》。どちらも二階家の一階が店舗だが、おもしろいことに二階はつながって同じ家なのだ。一階部だけラーメン店と喫茶店に分かれている。

以前、二階が2軒に分かれ、一階がつながって1軒の酒屋になっている看板建築があり、二世帯住宅かな、と思ったことがあったが、それの逆パターンだ。夫がラーメン店を、妻が喫茶店をやっているひと家族の家とか、かな?

寄って中を見てみたいが、さすがにここで時間を使うわけにはいかない。写真を撮って早々に出発する。

目白通りに入ると、英国風の店がちらほら目

純喫茶のほうの店名が気になります

についた。パティスリーにブラッスリーに紅茶専門店、エトセトラ。

まばらに立っているので、街全体の取り組みなのか、たまたまそういう店が集まったのかよくわからない。でもちょっとしたテーマパークのようでおもしろい。根がミーハーなので模倣でも楽しめるのだ。

そのすぐ先に、いかにも歴史がありそうな高架橋があった。赤錆だらけのガス灯のようなものが欄干の親柱にのっている。その橋のはるか下を線路が走っていた。一両の車両がやってくる。都電荒川線だ。こんな古い立体交差と交わっていたんだ。

線路沿いに走るために、橋を渡って坂を下り、小道に入っていくと、線路ではなく参道に出た。そこをたどると新緑に包まれたお堂が現れた。鬼子母神堂だ。

案内板によると豊島区最古の建物で、1664年に建立されたらしい。

千人の子がいたとされる鬼子母神は、安産子育ての神だ。50円という大枚をはたいてお参りしておいた。再来月、妻が第一子を出産する予定なのだ。

境内には店が2軒あった。

1軒はレトロな駄菓子屋だ。10～30円の、原材料のよくわからない串カツ、スルメ、きなこもちなど、往年来のあの駄菓子たちがプラ容器や木箱に入ってずらりと並んでいる。墨字で書かれた看板は思わず二度見してしまった。

《創業一七八一年》

その頃は一体何を売っていたんだろう?

その店も気になったが、小腹が空いていたので、もう1軒の「おせんだんご」のほうに入る。団子は小ぶりのものが5つ刺さっていた。あんとしょうゆの2本セットで604円と結構高い。東京の観光地プライスかな。

食べてみると、おや? と思った。団子の肌理が細かく、米の旨味が詰まっている。

〝しおり〟を読むと、「おせん」の名は鬼子母神の千人の子から来ているらしい。

江戸時代からうまい棒を売っていたかもしれない駄菓子屋

《小粒の五つ刺しのおだんごは、安産子育てと子孫繁栄を祈願する意味をこめております》とある。

妻への土産にもう1セット頼んだ。受け取った包みを見ると、《羽二重団子》という文字。ああ、旨いはずだよ。根岸の名店だ。

ほかに客はいなかった。店のおばさんはちゃきちゃきの江戸っ子らしい調子で話しかけてくる。都電の東端に住んでいて、西側のここ鬼子母神まで都電一本で45分もかけて来ているらしい。それでも運賃は一律だから170円。おせんだんご3粒分だ。

都電バラと都電もなかと都電まんじゅう

団子屋のおばさんに別れを告げ、再び走り始めた。

路面電車だからずっと道路上に線路があるのかと思ったら、そうではなかった。道路から離れて、線路だけ独立して走っている区間、つまり普通の電車となんら変わらない区間が意外と長い。そこは線路と並走することすらもままならず、何度も線路から離れてはさまよい、線路を見つけては束の間沿線を走り、また離れる、というのを繰り返した。これのどこが〝都電沿いの旅〟だ？　そもそもバラはどこにあるんだ？　と思っていると、再び都電の線路に合流した。

「わ、バラあった」

向原停留場の近くだ。実はまったく期待していなかったのだが、思ったよりすごい。線路のフェンスに這わせた枝から、白、赤、ピンク、黄色、さまざまな色の大輪のバラが咲き誇っていた。その〝バラ園〟が線路に沿って、おそらく100m以上は続いている。バラを切って

レトロ車両も走る都電荒川線

持っていく不届き者はいないのだろうか？　全部かき集めたらどんなに巨大な花束になるだろう？　……風流のかけらもない発想しか浮かばない。

そこからしばらくこぐと、求めていた光景にやっと出会えた。

路面電車と長屋だ。落語で聞いたからというわけでもないが、そのふたつは東京下町を象徴する風物といったイメージがあり、無意識に探していたのだ。

線路沿いに立つその古い木造アパートの前には、「大学の敷地なので入るべからず。東京大学」といった注意書きがあった。東大の学生寮だろうか。

結局、長屋風の建物は僕が見た限りではこの一軒だけだった。長屋自体がいまは珍しいから仕方がないにしても、下町っぽさすら沿線にはほとんど見られないのは意外だった。

と思っていたら、ゴールの荒川区に近づくにつれ、だんだん下町風情が濃くなってきた。

梶原停留場周辺には懐かしい雰囲気の商店街がのびており、《都電もなか》なる貼り紙をつけた和菓子屋があった。休憩がてら寄ってみる。

店内には車両がデザインされた都電もなかの小さな箱が積み上げられ、《厚生大臣賞受賞》と書かれたポップがついていた。もなかの箱のほうにも《厚生大臣賞受賞》の文字がいくつも踊っている。《1輛147円》らしい。

それをひとつと、都電の焼き印が入ったまんじゅうを購入。店内の席に座り、都電もなかの箱を開けると、車両をかたどったもなかが現れ、かじるとあんこと餅が出てきた。

さらに車両をかじる。お茶を飲み、次に都電まんじゅうをかじる。都電沿いの旅をしているなぁと実感する。ありきたりなことをして気分に浸る。旅では大事なことなのだ。

終点の美熟女と矢吹丈

ゴールの三ノ輪橋が近づくと、バラがますます増えてきた。

旅が終わるのがもったいなく思え、三ノ輪橋停留場の手前で〝さまよいごっこ〟をすると、下町感たっぷりのディープな路地に出会えた。自転車がすれ違うのもやっとの細い裏道が延々と続き、木造の家がぎゅうぎゅうに路地に押し込まれたように並んでいる。

その細い路地に面して暖簾をかけたお好み焼きがあった。路地の住人しか相手にしないような立地だ。ここまで来るともうすっかり下町だった。

東の終点、三ノ輪橋停留場（都電荒川線的には「起点」らしい）周辺もバラにあふれていた。公共の、言い換えれば無料で見られるバラ園としては日本有数、あるいは最大なんじゃないかと思ってしまう。一眼レフカメラで撮影している人がたくさんいる。

木造の停留場には即席レトロ演出の雄、《ボンカレー》や《金鳥かとりせんこう》などのホーロー看板がつけられていた。

その隣に観光案内所があった。

入ってみると美熟女がいる。ちょっとワクワクしながら、泪橋への行き方を尋ねてみると、

三ノ輪橋付近の路地

さすが江戸は下町の案内所、美熟女は「え、どこやろ？」とコテコテの関西弁を言い放ち、僕はカクンと斜めに傾いた。

「神戸から来たんですよ。友達の家に遊びに。3カ月だけここのお手伝い。でも東京ええですねぇ。旦那がめんどくさいんで、こっちで家、探し始めました。あはは！」

「書いていいですか？」と冗談で言うと、「全然問題なし！」と再び弾けたように笑う。

あらためて泪橋への行き方を聞くと、お姉さんはスマホを繰りながら調べてくれた。そりゃそうなるよねぇ。

と思ったけど、そういえば、前に交番で道を尋ねたときも、警官はスマホで調べ始めたんだよな。「自分のスマホで調べろよ」と言いたげな顔で。

泪橋は自転車で3分ほどのところにあった。

「泪橋を逆に渡るんじゃあ」と丹下団平がジョーに熱く語った、どぶ板を並べたような泪橋は、いまは5車線の巨大な交差点になっていて、信号が変わるたびに車の騒音が湧き起こった。橋の下にボクシングジムがあったらおもしろいのにな、と思っていたが、ジムどころか橋も川もない。川は暗渠になって、道路の下を流れているらしい。

ただ、細い路地に入っていくと、一泊2200円といった看板を掲げた簡易宿泊所が並んでいて、にわかに興奮した。『あしたのジョー』の舞台のドヤ街はいまも健在なのだ。《山谷》という文字も目に入った。『山谷ブルース』の山谷はここなんだ。

その中をのんびりこぎながら、へえ、と興が湧いた。大阪のドヤ街「釜ヶ崎」とそっくりなのだ。ドヤの感じも町並みも、同じ人がデザインしたのかと思うほどだった。

ただ、宿代が違う。最安のドヤは一体いくらかと思い、釜ヶ崎をくまなく歩いたことがあった。料金は表に出ているのだ。同じことをここ山谷でやってみると、最安料金は僕が見た限りでは1泊1700円、対して大阪の釜ヶ崎は500円だった。

どこかの建物から男性の怒声が聞こえてきた。

「バッカヤロー!」

ずっとひとりで怒鳴っているようだ。この感じも釜ヶ崎と似ているが、少し違う。釜ヶ崎は「アホンダラー!」だ。

ないわけがない、と思っていたジョーの等身大像は、やっぱりあった。上着を肩にかけ、首をひねり、視線は上へ、明日を見ている。

同じポーズで並んで写真を撮るという、これまたありきたりなことをやると、すべてのミッションを終えたような清々しさを覚えた。メーターを見ると、ここまでの走行距離は42㎞。都電の全長は12.2㎞で、阿佐ヶ谷からの道のりを入れても20㎞ぐらいのはずだから、倍以上も寄り道してきたわけだ。さすがに腹も減ってきた。

さあ、メシだ。

バンタム級とは思えない上背のジョー。僕の身長から考えると195cmくらいありそう

カレーライスの記憶

路地をくまなく走りながらラーメン店を探す。普通の民家のような木造の古いドヤには、三社祭の提灯がかかっていた。浅草神社の祭りだ。へぇ、いまがそうなんだ、と思った。青森の夜が脳裏に蘇ってくる。

10年以上前のことだ。取材で青森を訪ね、銭湯で体を洗っていたら、全身クリカラモンモンの兄さんが入ってきた。刺青禁止じゃないのか？　と驚きつつ、こっちに来るなよ、と念じていたら、僕の真横に来て体を洗い始め、気さくに話しかけてきた。生まれも育ちも青森だという彼は、三社祭で神輿を担ぐために、毎年青

5月、あちこちのドヤに三社祭の提灯が

森から駆けつけているという。

彼は体を洗い終わって湯船に入ってからも、三社祭の魅力や江戸の人情を懇々と語った。僕はのぼせて気が遠くなりながら、ひたすら相槌を打っていた。


道の向こうから、お囃子が聞こえてきた。人が集まって神輿の準備をしている。

あれ？　神輿、意外と小さいんだな。いや、神輿としては普通のサイズだけれど、ねぶたの国から毎年駆けつけるモンモンがいるぐらいだから、山車のような巨大な神輿を勝手に想像していた。

そこを離れ、再び路地をひと筋ずつつぶすよ

1889年創業の天ぷら店「土手の伊勢屋」

うに走りながらラーメン屋を探した。

しかし、これといった店がない。江戸時代の妓楼かと見まがうような豪奢な天ぷら屋など、たまにとびきりの〝お宝〟が現れるものの、古い店は意外と少なかった。

そのうち日が暮れ、暗くなってきた。

交番に入り、「昭和からやっているようなラーメン屋ってないですかね」と聞いてみる。

「それなら」と愛想よく教えてくれた。

その店に行ってみると、それほど古い建物に見えなかった。それにラーメン屋というより大衆中華の店だ。

どうしよう。大阪の釜ヶ崎にあるうどん屋が脳裏をよぎった。安さ本位のその店のうどんは、ほぼ化学調味料の味だったのだ。

でももう腹ペコだった。ままよ、とドアを開ける。

男性客が7、8人いた。人生の荒波を越えてきたような人ばかりだ。

落ち武者のような髪型のお爺さんがいた。テレビに向かって笑顔でしゃべり続けている。

50歳ぐらいの、これまた落武者ヘアの中年男性は、食べたあと何も言わず、お金も払わず、長髪をなびかせ出ていった。ギョッとしたが、ツケ払いの常連なのだろう。きっと。

ラーメンは450円と昭和の値段だ。カレーライス500円というのもある。

餃子とラーメンを頼んだ。

まずは餃子が運ばれてくる。

うん、おいしい。ただ、店の特徴がすごく出ているかというと、そうでもない。この感じだと、ラーメンも平均的なタイプかな。

と考えていると、ラーメンがやってきた。

スープの色がかなり濃いめだ。ナルトが入っている。前に書いた〝ナルトの仮説〟に従えば、この店も意外と古いのだろうか。

スープをすすると、えっ？　と驚いた。鰹節？

蕎麦屋のラーメンならわかるけれど、ここは大衆中華の店だ。僕の舌が間違っているのだろうか？

ほかに、煮干し、昆布、鶏ガラ、かな。といっても主張の強い旨味をゴテゴテと重ねたいま風のラーメンじゃない。昔ながらの中華そばのあっさりした味わいの中に、きれいな旨味が複数、涼しい顔で潜んでいる。

麺は細めのやわらかめで軽いウェーブ。スープの旨味をたっぷり吸っていて、笹塚の「福壽」同様、忙しい労働の合間にかっこむタイプといったらいいか、とにかく食べ出すと止まらなくなり、ズルズル高速でずする快感に浸りながら、一気に完食した。はあ、やっぱりここも、〝最後の一滴、最後の一麵まで旨い〟店だった。

女将さんに聞いてみると、やはり鰹節が入っているとのこと。

「昔ウチにいた中国人に教わったとおりにいまもつくってるんですよ」

「えっ、お店、何年やってるんですか?」

「80年」

〝ナルトの仮説〟はここでも当てはまった!

それにしても、各地に似たような話がある気がする。曰く、先代が中国人から製法を受け継いで、というやつだ。もしかしたら戦後の日本はそういう店だらけで、実はいまもその味を守っている隠れた老舗が意外とたくさんあるのかもしれない。

女将さんが表に出て暖簾を外した。

「もう終わりですか？」

時計を見ると、まだ19時だ。

「大丈夫ですよ。ゆっくりしていってください」

客は2組に減っていた。

「昔はいまじゃ考えられないくらい忙しかったんですよ」と女将さんは言った。

「労働者が街にあふれていて、朝10時に店を開けたら、そこからひっきりなし。夜の閉店まで5分も休めませんでしたね」

祭りの法被を着た男性が入ってきた。女将さんに挨拶し、二言三言交わし、出ていった。

「三社祭も昔は大変でしたよ。料理をみんなに振舞うの。カレー50人前とかね」

店はそういう形で祭りに協賛するのか、と思ったら、別に寄付金も渡していたらしい。

「料理はボランティアですよ。どの店もそう。みんな、人の役に立てたらいいって、それだけ」

落武者風のお爺さんが、僕に笑顔で話しかけてきた。何を言っているのかわからず、愛想笑いをするしかなかった。女将さんがお爺さんに何か言った。お爺さんは再びテレビに向かって喋り始めた。

「いろんな人がいるわ。中には荒っぽい人もね。でもね、ちゃんと向き合ったら、みんないい人なの」

女将さんは目と口元に常に微笑を浮かべ、何にも動じない気配があった。この人にはみんな甘えるんじゃないかな、と思った。

落武者風のお爺さんがまた話しかけてきた。客はもう僕とお爺さんのふたりだけだ。

女将さんが目の光をかすかに強めて言った。

「最初、あなたが入ってきたときね、私びっくりしたの。昔の知り合いにそっくりなのよ。その人、たくさん手紙をくれたの。きれいな字でね。あなたの顔、ほんとそっくり。そういう顔の人は、いい人よ」

なんだか、自分の中から嫌なところが抜け落ちていって体が軽くなり、本当にいい人になったように思えてきた。

「あの、最後にカレーライスお願いしてもいいですか？」

この店の料理をもう一度味わっておきたくなった。看板のあとだけど、カレーなら手間もかからないかな、と思ったのだ。

出てきたカレーを見て胸が躍った。明るい黄土色で、豚肉と玉ねぎがごろごろ入っている。僕が子供の頃のカレーだ。

食べた瞬間、小麦粉のまろやかさと、カレー粉のやさしい香りが口に広がり、懐かしさがこみあげてきた。学校の給食か、あの頃の店の味か。古い記憶がはるか遠くのほうで頭をもたげ、浮かび上がってくる。普段は感じることのない、自分がこれまで歩いてきた時間の長さを、このときは手で触れたように実感し、あっけにとられた。こんなに生きてきたんだ……。

胸がじわじわと熱くなってくる。夢中で黄色いカレーを食べた。ああ、旨いなぁ。なんて幸せな味だろう。これが本当に旨いということだよ。

すべて食べ終え、女将さんとしばらくしゃべったあと、お勘定をしてもらった。お代を払うと、女将さんは５００円玉を１枚返してきた。——えっ？

「私、こうやっておまけしてあげるの。若いカップルなんかにね。そしたら、また店に来てくれてね、結婚したって報告してくれたりするの。いいことがあるのよ」

女将さんはこちらの心を溶かすような微笑を浮かべた。どうしてここまで……。

僕は母親に甘えるような気持ちと、居住まいを正して母に向き合うような両方の気持ちで、この人には伝えておこう、と思った。

「再来月、妻が出産を迎えるんです。初めての子で」

女将さんの顔がパッと輝いた。

「まあ、そうなの」

「また、来ます」

女将さんは「ちょっと待って」と言って厨房に走っていき、缶ジュースを3本持ってきて、僕の手に渡した。


夜の町を走り始めた。

自転車世界一周旅行で行ったモザンビークのことが思い出された。アフリカ最貧国のひとつだ。地面に野菜を置いて売っていたおばさんから、トマトを4つ買い、代金のお札を

4枚渡したら、おばさんはお札を1枚返してきたうえに、僕の手にトマトを次々に追加していった。僕の小汚い格好と、荷物を積んだ自転車を見てそうしたのだ、と思った。僕に微笑みかけるおばさんの目は、母の目そのものだった。彼女の痩せ細った手を握りながら、僕は涙が止まらなかった。

旅の不思議さを思った。モザンビークのあの日も、そして今日も、一本違う道を行けば、彼女たちにはおそらく一生会わなかったのだ。

祭りのお囃子が聞こえてきた。ぼんやりした気持ちのまま音を辿っていく。遠くに群集が見えてきた。近づいていって自転車をとめ、祭りを眺めた。人々の頭の上で神輿が踊っている。神輿は照明で白く浮かび上がっていた。法被姿の人々も街の明かりに照らされている。なんだか夢を見ているようだった。

青森のあの兄さんは今年も来ているのかな、と思った。

三社権現

自転車と麺

自転車旅行と麺には強い親和性がある。

そのことに気付いたのは、しかし、だいぶ遅かった。15歳のときから自転車旅行を始めたのだが、学生時代は貧しさから旅先でラーメンも食べられず、朝と昼はパン屋でもらった食パンの耳を食べ、夜はほぼ自炊していたからだ。

26歳から世界一周に出るのだが、31歳になってようやく麺の国、中国に入り、昼は麺ばかり食べるようになった。

安い、早い、旨いの三拍子のほか、文中に書いたとおり、発汗後の塩分及び水分、ならびにカロリーの補給にちょうどいい。でも何より、自転車で走って乾いた口には、ご飯ものより麺、とくにスープ麺のほうが食べやすいのだ。

また中国は地域ごとに麺が異なるため、自転車で移動しながら食べていくと、麺の移り変わりが見えておもしろかった。麺に旅情を感じるのはそういった地域性も関係があるのだろう。

日本ではうどんや蕎麦もよく食べる。夏場はそれらの冷やしに何度助けられたか。灼熱のメキシコを走ったときは、流しそうめん屋の幻影を見たほどだった。麺は偉大なのだ。

かように旅先では麺を欲するのだが、国内旅行で一番食べるのはやはりラーメンになる。カロリーと腹持ちのよさがほかの麺を上回っているというのもあるけど、結局好きなんだよなぁ。

第6章

壊したら、元には戻りません

——豪徳寺

ひとり、焦燥感に駆られる夏

「大勝軒」は東京のみならず全国いたるところにあって、系譜がちょっとややこしい。日本最古のラーメン暖簾会といわれる「丸長のれん会」によると、原点は昭和23年に荻窪で創業した「丸長」で、そこから枝分かれした一派が「大勝軒」だ。店の人気も手伝って、弟子を大量に輩出し、凄まじい勢いで暖簾分けが広がっていった。

ただ僕が今回、いや、かねてより狙っていたのは、その系譜とは別の「大勝軒」で、東京は日本橋にある。友人から聞いてネットで検索し、外観を見た瞬間、「キャー！」と目がハートになった。経年で黒ずんだ三階建てのビルはまるで香港の路地裏に並ぶ集合住宅といった感じだった。昭和8年創業らしい。その歴史の長さと建物の迫力から、東京レトロ店の大ボスといった雰囲気だ。

去年の冬、編集長のエベに相談すると、この店を知っていたようで、「そりゃいいですね！　冷やし中華がうまいですよ」と言う。それなら夏に行こうとなった。

それから半年という時間が流れ、季節は初夏になった。そろそろいいだろう。

場所の確認のために、再び「大勝軒」をネットで検索すると、頭がくらっとするような言葉が目に入った。

《閉店》

う、うそや……。動転しながら関連情報をどんどん開いていく。ガセであってくれ。その願いも空しく、どうやら閉店は間違いなさそうだった。しかもなんと2ヶ月前のことらしい。まただ。「おはる」が脳裏によみがえってきた。

なんでもう少し早く行かなかったんだろう。昭和の店が人知れず、パタパタとドミノ倒しのように看板を下ろしていく。

急がなきゃ。ひとり焦燥感に駆られた。僕が焦ったところでどうにもならないのだが。ほかにいい店はないだろうか。ネットの森の中をうろうろさまよっていると……ん？

「あった！」

看板建築に、染みだらけのモルタル、薄汚れた庇テント、というのはこれまでと同じだが、間口がえらく狭い。2間ないんじゃないか。それで二階建てだから、奇妙にのっぽに見える。おもちゃみたいだ。看板には毛筆体で《満来》。場所は世田谷区、豪徳寺。

旅がつまらなくなるから見てはいかん、と思いつつ、誘惑には勝てず、どんどんネット情報を辿っていくと、えっ、なんだこりゃ？　ラーメンが２５０円！　店主は96歳⁉

ふいに東京が深い樹海のようなところに感じられた。草をかきわけかきわけ探していけば、すごいお宝がまだまだいくらでも潜んでいるのだ。

さらに「満来」について調べていくと、

「え？」

パソコン画面に再び《閉店》の文字。脳の奥からパタパタパタパタとドミノの倒れる音が聞こえてきた。

いつ閉店したという情報はなかったが、店の口コミは3年前から途絶えている。諦めきれずにいろいろ見ていると、店に暖簾が出ている画像が目に留まった。日付を見ると、去年だ。もしかして……。

「満来、復活」などと打って検索してみたが、何も出なかった。

ええい、行ってみよう。ネット内をうろうろするより自分の目で見たほうが早い。

緑あふれる街は、人の心にどう作用するんだろう

豪徳寺は僕の住む阿佐ヶ谷からだとほぼ真南だ。コンパスを見つつ、南を意識しながら見知らぬ路地を攻めていく。

走り出して10分ほどで、緑の多い住宅地に出た。ガラスを多用したおしゃれな集合住宅が何棟も立っている。

「ああ、『阿佐ヶ谷住宅』のなれの果てか……」

やや尖った気持ちでそう思った。

緑あふれる共有空間が集団生活にどう作用するか——をテーマに、昭和33年、なかば実験的につくられた団地が「阿佐ヶ谷住宅」だ。

広大な野原に点々と長屋が立つ様子は、どこか現実離れしていて、欧州の田舎に迷い込んだような気分にさせた。いつ行ってもカメラを携えた人がいたし、写真集まで出されたりして、その筋では有名な団地だったのだ。

その阿佐ヶ谷住宅も老朽化を理由に再開発が計画され、同時に反対運動が起こり、長い

あいだすったもんだしたあげく、２０１３年に工事が始まった。大木ごと緑地が引っ剝がされる様子を見たときは胸が悪くなった。

それ以来、ここに足を向けることもなかったが、何年か前から新聞の折り込みチラシでよく見るようになった。「阿佐ヶ谷住宅」は「プラウドシティ阿佐ヶ谷」と名前を変えていた。

どれだけひどくなったか見てやろう。そんな思いで、そのプラウドなんとかの中の道に入っていくと……あれ？

「意外と悪くないな……」

広い野原の中の団地、そのコンセプトは継承されているようだ。草木が生い茂る中、細い歩道がのびていた。蛇行し緑に包まれ、先が見えない。それにより奥行きが生まれ、不思議な雰囲気の空間になっている。森の小道をデザインしたのだろう。色とりどりの紫陽花が咲き乱れ、花園のような印象もあった。

僕は南紀白浜という関西の一大観光地で生まれ、切り崩されていく山を見て育ったので、開発というものにアレルギーのような拒絶反応と憎悪を抱いている。でも、開発を常に改悪だと考えるのは、案外、懐古趣味にとらわれた偏見かもしれない――。

〝懐古爺〟の僕をそう思わせたのだから、相当に優れたデザインなのだろう。

プラウドなんとかを出て、さらに南へ南へ、井の頭線の踏切を渡り、世田谷区に入り、京王線の踏切を渡る。〝お宝〟を求め、におう小道にどんどん入っていく。

ん？　変だな。太陽の位置がさっきと違う。

バッグにつけたコンパスに目を落とすと、あれ？　北に向かってるやん。真逆やがな。いつの間に？

僕は極度の方向音痴で、世界をまわったときも、てんで違う方向に4時間ほど走ってから間違えたことに気付き、同じ道を4時間かけて戻ってその朝出た宿に再び投宿、「この1日はなんだったんだ？」と呆れ返る、といったようなこともあった。

路地をまわりこむ形で方向転換し、再び南下する。

家並みの屋根の上に、濃い緑が続いているのが見えた。

そっちに行ってみると、ふた抱え近くありそうな立派な木が小道の両側に並んでいて、緑のトンネルになっていた。桜だ。いまは青葉の季節で、頭上も濃い緑に覆われているが、春はピンクのトンネルになるのだろう。

　こういった名もなき桜の名所が東京はやたらと多いように、関西人の僕には感じられる。季節になると町じゅうが桜で華やぐような印象がある。

　前回は5月に走ってバラを楽しんだが、その前の旅は3月の初めだった。桜の季節を逃すなんてバカなことをしたものだ。

　スタートから約2時間後、前方に小田急線の高架が見え、経堂駅に出た。惜しい。豪徳寺はもうひと駅、東だった。

上北沢３丁目の桜並木です。見頃になったらすごそう

左に折れ、高架沿いに東へ走る。豪徳寺に近づくにつれ、街にますます緑が増え、鎌倉のような雰囲気になった。大時代的な古い豪邸がちらほらと目に入る。古くはお城があった土地で、城下町として栄えたらしい。

マラソン横丁の住人たち

間もなく豪徳寺駅に到着。長さ100mに満たない小さな商店街があった。自転車を押して中に入っていくと、すぐに「満来」が現れた。

「やっぱり……」

店はそのまま残っていたが、シャッターは長いあいだ閉ざされた様子だった。間口の狭いその二階家は、空き家特有の暗いオーラに包まれ、両隣の建物に押しつぶされそうだ。居住空間だったと思しき二階はカーテンが閉ざされ、埃が積もっているように見える。二階の窓の錆びついた手すりは、なんとラーメン丼の雷紋の形をしていた。

店頭にはお品書きが立てられたままだった。白地の板に料理名が手書きで書かれ、壁にくくりつけられている。《ラーメン並３００円》とあった。最後は値上がりしたのか。

　隣のお茶屋さんからおばさんが出てきたので、すみません、と声をかけた。

「ここ、ずっと閉まってるんですか？」

　おばさんはいきなり話しかけられたにもかかわらず、待ってましたとばかり、「そうなのよ。ラーメンおいしかったんだけどねえ」と愛想よく答えてくれた。

「去年の11月に暖簾が出ている写真を見たんですが……」

「もうずっと閉まってるわよ。ご家族の方がた

二階の手すりはラーメン屋のウィットでしょうか

まに来て掃除してるけどね」

ネットで僕が見た写真は、埃を払う意味で暖簾を出したときに撮られたものだったのだろうか。ともあれ、隣人が言うのだから間違いない。いまはやっていないのだ。残念だけれど、確証を得たことで、胸の中の霧だけは晴れた。

おばさん曰く、8年ほど前に初代のお爺さんが亡くなってから息子夫婦が続けていたそうだが、3年ほど前に息子さんも亡くなられ、実質閉店したそうだ。

おばさんは次々に昔の話をしてくれた。

「お爺さんは90過ぎても岡持ちを持って出前してたの。元気な人でね、ボウリングが得意だった。『俺が生きているあいだは200円から値上げしない』って言ってましたね」

「えっ、200円⁉……それでも、って言ったら変だけど……おいしかったですか？」

「おいしかったわよ〜。ちゃんとメンマやチャーシューも入っていたわ。ほかのもおいしかった。餃子も焼飯も。どれだけお腹いっぱい食べても1000円しなかったわ。私、よく出前頼んでたの」

「えっ、隣なのに？」

「いつも混んでいたのよ」

まわりの店の人たちもやってきて、立ち話に加わった。向かいの果物店は戦後すぐにここで商いを始めたそうだ。

「『満来』さんはウチのすぐあとだったかな。最初はラーメンが35円でしたよ」

その頃から店を始めた店主が、60年以上も厨房に立ち続けた例は、東京でも珍しいんじゃないだろうか。老舗の多くはもっと早く代替わりし、二代目や三代目が世の中に合わせて値上げしている。

「満来」の店主は、35円から何度も何度も、きっと心苦しい思いで、値上げしていったのだ。もうこれ以上は値上げできない、という上限が

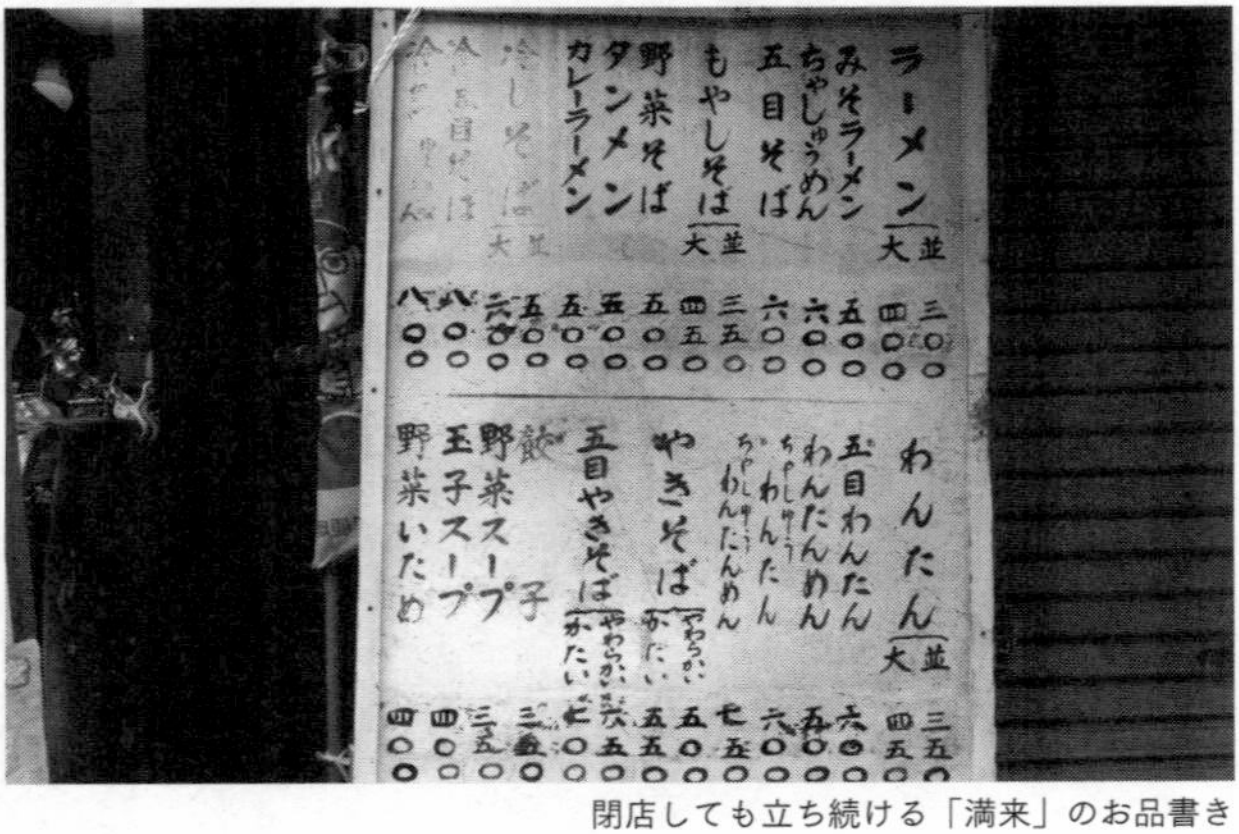

閉店しても立ち続ける「満来」のお品書き

200円だったのかもしれない。

話の中心は次第にこの商店街の歴史になっていった。お茶屋のおばさんが言う。

「ここはマラソン横丁って呼ばれてたのよ。出勤途中のサラリーマンたちが乗り換えで走ってたから」

豪徳寺駅と山下駅の連絡路になっているのだ。ラッシュ時の込み具合がいまとは比較にならなかった時代を思うと、無数の足音が聞こえ、土埃が目に浮かぶようだった。

紳士服店のダンディーなおじさんは「ウチはもとは目黒だったんだけど、この商店街のレトロな雰囲気が気に入って、15年ぐらい前に越してきたんだよ。そしたら、いつの間にかアタシ自身がレトロになっちゃった。ったく、しょうがねえなあ」と噺家のように言う。

ほかに古くからやっているラーメン店がないか聞くと、隣駅の梅が丘にそんな店があったかな、とお茶屋のおばさんが言った。

よし、行ってみよう。でもせっかくここまで来たんだから、先に豪徳寺を見ていこうか。

礼を言って、彼らと別れ、ペダルを踏みだした。

さっきまで晴れていたのに、いつの間にか厚い雲が垂れ込めている。

走り出して間もなく、横道の奥に赤い暖簾が見えた。あれ？　古そうだな。ハンドルを切ってその横道に入っていくと……うわ、めっちゃいいのがあるやん！

大衆中華の店だ。汚れの目立つオレンジ色の庇テントには、四角い換気口が開いており、そのまわりは触るとべたつきそうなほど黒ずんでいる。看板も兼ねたそのテントには筆で《丸長》と書かれていた。荻窪の「丸長」の系列店かな？　だとしたら例の「丸長のれん会」にも入っているのだろうか。

そういえば、オレンジ色のテントは荻窪の「丸長」と似ている。ま、ラーメン店には多い

マラソン横丁と呼ばれた短い商店街

パターンだけれど。

ともあれ、いい店が見つかった。ここにしよう。と思ったのだが、商店街のお茶屋のおばさんの顔が浮かんだ。

「……せっかく教えてくれたんだしな」

とりあえず、梅が丘の店を見にいって、それから考えよう。

無数の〝願〟がつくりあげる奇観

再び走り始めると、すぐに豪徳寺の参道が現れた。松の大木がうっそうと生い茂り、山の院のような厳かな気配が立ち込めている。自転車を押して歩いていく。

山門の前に自転車をとめ、歩いて境内に入ると、緑あふれる森のような空間に、お堂や三重塔が立っていた。

外国人客の姿がいやに目についた。そんなに有名な寺だったんだ。

案内板によると、約400年前、世田谷城という城の跡地に建てられた寺で、いわゆる〝現存〟の仏殿は1677年の建造らしい。井伊家の菩提寺で、直弼の墓もあるそうだ。井伊直弼といえば、桜田門外の変だ。諸外国との通商条約を進め、攘夷派を弾圧した結果、水戸浪士に殺された、あの事件。なるほど。外国人旅行者たちはあの暗殺に義憤を覚え、せめてお参りだけでもと井伊直弼の墓に……。

と思ったら、ある場所に人だかりができていて、その向こうに異様なものが見えた。とんでもない数の、おそらく何千という白い招き猫だ。屋外に設けられた木製の台にびっしりと置かれている。白くて丸い頭が密集している様子はまるでエノキダケだ。

案内板によると、豪徳寺は招き猫の発祥地なんだとか（諸説あるようだけれど）。ここで購入した招き猫に願を掛けて持ち帰り、願いが叶ったあと、この奉納所に戻すと、さらなるご利益があるらしい。

つまり、願いを叶えてもらっただけでは飽き足らず、もっとご利益をよこせとばかり招き猫を戻しにきた人が、エノキダケ1本1本の数×50袋分ぐらいいるという、業の深い光景だ。

外国人たちは写真を撮りまくっていた。招き猫が日本文化の象徴のようにガイドブックなんかで紹介されているのだろうか。いや、いまはSNSか。いずれにせよ、桜田門外の変はどうでもいいみたいだ。

中国人の子供がなんの躊躇もなく、誰かが奉納した招き猫を手に取った。すると隣の招き猫が手水に落ちた。猫に込められた情念などあずかり知らぬ彼には、単なる猫ちゃん人形なのだろう。

豪徳寺を出て、再び梅ヶ丘駅に向かって走る。と、すぐにブレーキに手がかかった。

こりゃすごい。木曽路の旅籠みたいな古家だ。ベンガラ色を濃くしたような、赤みがかった板

業がにじみ出た豪徳寺の招き猫

でできた木造二階建てで、二階はほぼ全面が格子窓だった。窓に映った電線が波打っている。え、うそ？　昔の手延べガラスだ！　東京にこんなに大量に⁉

その家の隣には、同じように濃いベンガラ色の板でできた長屋がのびていた。見た目は落語の貧乏長屋のイメージそのものだ。

世田谷区というと、すました高級エリアのイメージがあったが、やっぱり東京なのだ。草むらをかきわけていくと、お宝があちこちから顔を出す。

和歌山から上京して食べたラーメンの記憶

梅ヶ丘駅周辺は豪徳寺駅以上に賑わっており、古い建物も並んでいた。

ラーメン屋は名前もわからず、駅の南側にあったとしか聞いていない。いつものように聞き込み調査をやってみると、誰もがウーンと首をかしげた。路地をしらみつぶしにまわっても見つからない。ウーン、閉店したのだろうか。

いずれにしても、これではどうしようもない。引き返そう。新しい景色を見たいので、来た道とは別の路地に入っていく。

「丸長」に戻ると、あれ、そういえば、と庇テントを見た。書かれている電話番号が4桁＋4桁だ。つまり平成（厳密にいえば平成3年）以降の電話番号表記だ。店構えからするともっと古そうだけど、意外とそうでもないのか、それとも庇テントだけ変えたのか。

開け放しのドアをくぐると、小さな店内に4人の客がいる。

メニューを見ると《自家製麺》とあった。ラーメンは450円。「満来」のラーメン300円の看板を見たあとだと特別安くは感じ

庇の換気口の汚れ、構造上そりゃそうなりますよね……

ないが、十分良心的な値段だ。つけめんも550円と安い。500円台のつけめんなんて見たことがない。

いつも思うのだけど、つけめんってなんであんなに高いんだろう？　材料はそんなに変わらないのに、値段はたいていラーメンの1.5〜2割増しだ（ま、この「丸長」もラーメンが450円だから約2割増しなんだけど）。

つけめんと迷ったが、結局ラーメン、半炒飯、餃子、といつもの極楽3点セットにした。

先客だったふたりの男性客は食べ終えるとすぐに店を出たが、もうひと組、母と少女のふたりはずっと店にいる。母親は女将さんとしゃべり続け、小3ぐらいの少女は店を出たり入ったりしては、母親に何か報告している。まるで自分の家みたいだ。

機を見て、「お店はいつからですか？」と女将さんに聞いてみた。

「私らは30年ですが、先代からだと60年ぐらいですね」

「えっ、そんなに？　じゃあ荻窪の『丸長』さんと同じ系列ですか」

「ええ、そうです」

「『丸長のれん会』にも？」

日本最古といわれるラーメン暖簾会だ。

「ええ。でも私らはお店があるから例会にはなかなか行けないですけどね」

料理が次々にやってきた。ラーメンの丼にも店の電話番号があり、そちらは3桁＋4桁と、昔のままだ。ということは約30年以上前……丼って結構もつんだな。

まずはラーメンをすすると、ああ、やっぱり「丸長」だ。麺が太めでむっちりしている。スープは豚骨がガツンときて、煮干しも香る、いわゆるWスープだ。この麺の旅で食べてきた、いわゆる昔ながらのラーメン——細めの麺で淡い醤油味——とは一線を画す。関西人の僕からすると、東京の味だなと思う。14年前に東京に来て、「大勝軒」の阿佐ヶ谷店で食べたときの、あの衝撃。

「東京はやっぱちゃうわぁ。やにこう洗練されとるわぁ（やにこう＝紀南弁で『非常に』）」と田舎もん丸出しの感想を抱いた。

Wスープはいまでこそ一般化しているが、おそらく2000年代のはじめか、それより前は東京以外ではほぼなかったんじゃないだろうか。だから、関西、それも和歌山の田舎で育った僕にとっては劇的に新しい味だった。

でも実はその味のルーツをたどっていくと、昭和20年代創業の店に行きつくのだ。

この麺ならつけ麺がよかったかな、とも思った。〝原点〟の荻窪「丸長」はつけ麺の名店だ。つるりとしてコシの強い麺はモチモチというより、ムチムチといった食感で、つけ麺のほうが引き立つ気がする。

余談だが、モチモチやムチムチなど、日本語はオノマトペが豊富だ。逆に中国語は少ないらしい。タピオカの食感は「QQ」と表記されるそうで、台湾の食シーンで日常的に使われるオノマトペは「QQ」ぐらいだ、と台湾人翻訳者から聞いたことがある。彼女は僕の本の中国語訳を何冊か担当してくれたのだが、食べものの話で世界一周を綴った拙著『洗面器でヤギごはん』の翻訳は大変だったそうで、モチモチもムチムチもクニュクニュもムニムニも、すべて「QQ」にした、と話していた。

閑話休題。餃子は嚙んだ瞬間、細かく刻んだキャベツと肉が顆粒状に広がった。浜松餃子の名店「むつぎく」のようなタイプだ。

そういや、餃子は懐かしいとか新しいといった語られ方はしないな、と思った。具が豚肉とキャベツ、もしくは白菜のオーソドックスな餃子だと、いま風も昔風もない。
逆にラーメンは同じ材料でつくっても、まるで違う印象のものができる。考えてみると不思議だし、ラーメンが人を熱狂させる理由はそういうところにあるのかもしれない。

少女の母親はなおも女将さんとしゃべっている。男性が出前から帰ってきた。少女を見て「おー、〇〇ちゃん」と声をかける。少女は相変わらず店を出たり入ったりしている。その中で食べていると、ふと、東京から遠く離れた田舎でラーメンをすすっているような気分になった。

豪徳寺「丸長」の極楽三点セット、しめて1200円

旅へと突き動かす衝動

外に出ると、夕暮れの気配が迫っていた。

なんだか、まだ旅を終えられない気分だった。

旅には、衝動がいる。自分を突き動かす何か。それが今回は、日本橋の「大勝軒」だった。でも2ヶ月前に閉店したという〝噂〟をネットで知って愕然とした。そのまま次の目的地をネットで探し、豪徳寺の「満来」を見つけたのだが、いざ来てみると、これまたネットの〝噂〟どおり、閉まっていた。

そうしてたどり着いた「丸長」。ラーメンが450円という安さで、おいしくいただき、地元の人たちから滲み出る空気にも触れてほっこりしたが、僕の中では何かやり残している感じがあった。

「満来」が、〝噂〟どおり閉まっていたときの、落胆。でも、現地まで自分の足で赴き、己の目で確かめたことで得られた、納得。

見上げると、空一面に垂れこめていた厚い雲が、トレース紙のように薄くなって、ピンク色の夕空が広がりつつあった。時計を見る。17時半。

行ってみようか。日本橋の「大勝軒」に――。

「丸長」を出るまで、考えもしなかったことだった。

自宅から南へ約10㎞走って、豪徳寺。そこから急角度に曲がって北東へ、都心部を突っ切り、約15㎞先の日本橋へ。距離はたいしたことないが、バカげたルートだ。東京から松本に行くのに伊豆半島を経由するような。あるいは、大阪から名古屋に行くのに日本海の舞鶴を経由するような。とにかく、億劫さが勝って、普通ならとらないルートだ。

時間も遅かった。それに行ったところで閉まっているのだ。

でも、それでもいい――。

昭和8年創業の、昭和レトロ店の大ボスのような、あのビルを見ておきたい。

いま東京は五輪を契機とした再開発のラッシュだ。それが大勝軒閉店の一因だとしたら、ビルが取り壊されるのも時間の問題だろう。そうなる前に現地に行って、この目で見て、己に納得したかった。

東に向かってペダルをこぎ始めた。

西日に照らされた建物が正面に並んでいる。淡島通りを走り抜けて渋谷へ。六本木は大嫌いなので、青山通りを行く。

明治神宮外苑でブレーキをかけた。

一直線の道の両側に、槍のように細長いイチョウの木が左右対称に整列し、遠近法の見本のように、奥に向かってVの字にのびていた。その奥に、石造りの古びたドームが立っている。計算されつくした空間アートのようだ。

でもなんか妙だな。見ていると距離感が狂うような……。並木の奥のドームはずいぶんと遠くにあるように見えるけれど、実はすぐそこにあるんじゃないかという気もする。

あ、なるほど――。

明治神宮外苑のイチョウ並木。奥のドームは大正 15 年建造の聖徳記念絵画館

気づいた瞬間、かすかに鳥肌が立った。

木の高さが違うのだ。手前の木は高く、奥に行くほど低くなっている。遠近法を強調して、特殊な雰囲気をつくりあげているのだろう。

さらに東へ進むと、江戸城跡に出た。お堀の向こうのビル群が、落陽の光を浴びて金色に輝いている。

マジックアワーとはよくいったものだ。殺風景な箱型のビルばかりで、昼間だと都会の殺伐さしか感じられそうにない景色なのに、いまは神々しく輝いて、それぞれのビルがオブジェと化し、ここもまた巨大な空間アートになっているのだ。……そっか。帰りたくなかったのは、この時間帯だからかな。

ジョギング族たちが皇居のまわりを鮭の遡上のように走っていた。その流れにのって桜田門をくぐる。本日二度目の井伊直弼関連施設だ。

お堀を離れ、東京駅のガード下をくぐり、少し行くと、日本橋が見えた。西洋風のけれんみたっぷりな街灯が、ピンク色の空の下で灯っている。ここは日本の道路の起点なのだ。それに恥じない風格に見えるのも、マジックアワーのおかげかもしれない。

風情って、つくれるのかな

「大勝軒」の最寄り駅は三越前駅だ。それさえわかれば行けるだろう、と思っていたが、見通しが甘すぎた。

駅周辺はジャングルのようにビルが密集し、ここから1軒のビルを探すなんて至難の業に思えた。そもそもこんな都会的なエリアに、あんな古ぼけたビルがあるのだろうか。いぶかりながら路地をひと筋ずつつぶしていく。どんどん暗くなってくる。ヤバいなぁ。建物を見るという、ただそれだけの目的すら果たせなくなるかもしれない。閉店していたら店の明かりも消えているはずで、外が完全に暗くなったらおしまいだ。

細い路地に目が吸い寄せられた。小さな古い家がごちゃごちゃ並んでいて、まるで下町のようだ。空気が違う――。

反射的にその路地に入っていくと、四辻の角に突然そのビルが現れ、電気が走ったように打たれた。

「あった……」

三階建てのビルで、看板には毛筆体で《大勝軒》。外壁の緑色のタイルは、まだらに変色して、モネの描く睡蓮の沼のような深い色になっており、経てきた時間の途方もない長さを示しているようだった。

入口には手書きの貼り紙があった。

《長年に渡り、お引き立て頂きましてありがとうございました。この土地の再開発と老朽化に伴い、四月二十六日をもちまして閉店いたしました。皆様のご愛顧を心から感謝申し上げます》

やっぱり再開発か……。

ネット内の閉店の〝噂〟は、どこか架空の話のように感じられたが、貼り紙を見てようやく

87 年の歴史に幕を下ろした日本橋の「大勝軒」

「そっか……」と実感が湧いた。バカだからこうやって確認していくしかないのだ。

暗がりにそびえる巨大な四角い塊は、堅牢な要塞のような異様な存在感でそこに立っていた。これが再開発で壊されるのか……。知らずしらずため息が出る。またひとつ、街からにおいが消えるのだ。


大勝軒のほんの数m先から工事用フェンスが立てられていた。再開発のコンセプトが書かれている。《魚河岸があったまち》とあった。関東大震災後、築地に移転する前の魚河岸のことだ。このあたりだったのか。どうりで下町風情になるはずだ。

大勝軒から通りを隔てた向かい側に、家の廊下のように細い横道があった。その入り口に蕎麦屋の看板が出ている。こんな細い路地に店があるのだろうか、と首をかしげつつ、その横道に入ると世界が変わった。まるで京都の裏小路だ。魚河岸があった当時はこういう路地が迷路のように入り組んでいたのだろう。

店に入ると、こんなにわかりづらい場所なのに、客でにぎわっている。大衆的な店だが、窓や天井の格子に和の気品が感じられた。

飲みたい気分だった。帰りは自転車を畳んで電車に乗ろう。

ビールとイカメカブを頼む。

ここも常連が多い。女将さんは給仕しながら客と談笑している。機を見て話しかけると、

「いえいえ、ウチはとてもとても。『大勝軒』さんみたいに古くありません」とえらく謙遜する。それでも創業から40年ほど経っているそうだ。この界隈ではまだまだ若い店ということになるのか。

「こっち側は再開発されないんですか？」

「ええ、向かい側だけですね」

この風情ある裏小路は残るんだな、と思った。いつまでかはわからないけれど。

〆にざるそばをいただき、店を出て細い横道を潜り抜けると、さっきの道に出た。廃ビルと化した「大勝軒」が目の前に見える。

再開発の工事用フェンスに沿って、自転車を押しながら歩いた。フェンスには一定間隔をおいて、コンセプトが書かれたパネルが設置されている。

大きな字で《室一本一》とあった。日本橋室町一丁目と日本橋本町一丁目を合わせた造

語で、新しい街の呼び名らしい。
さらに街づくりのコンセプトが続く。
《このまちがここにあることが、これからの日本の大きな価値になります》
《風情の感じられるまち》
《東京駅の近くにありながら、路地の残る魚河岸があったまち。趣のある店構えが連なるまちなみにほっとして、ついつい長居してしまいます》
よーく覚えておこう。そして、また見にくるよ。五輪後、どうなっているか。
この旅の最初に訪れたプラウドなんとかが思い出された。「阿佐ヶ谷住宅」をつぶしてできた緑豊かな団地のことだ。再開発が始まったときは激しくがっかりしたが、生まれ変わった場所に今回行ってみると、案外悪くなかった。
そう。開発が改悪とは限らないのだ。そう考えるのは懐古趣味に固まった爺さんの偏見かもしれないのだ。
……でも、そうはいってもねえ。どうせできる〝まち〟ってのはおしゃれなんでしょ。スマートなんでしょ。

「満来」の店主の「ラーメンは200円から値上げできねぇ」といった〝不器用〟で〝粋〟な部分、つまり、人のかわいい部分は、洗練された新しい〝まち〟にはあるのかね？　そもそも風情ってつくれるものなの？

あ、やべ。やっぱり単なる懐古爺だ。

街ぶらチャリダーのこだわり❻

ラーメン東西比較

「出身はどちらですか?」

「和歌山です」

「お、和歌山ラーメンですね」

世界一周をしていた頃、出会った日本人と何度もこんなやりとりをした。最初は「は?」と思った。和歌山ラーメン? なんだそりゃ?

あとあとわかったことだが、どうやら〝和歌山市〟にはラーメン店が数多くあり、その1軒がテレビ番組で日本一に輝き、全国区になったようだ。おそらく和歌山市以外の和歌山県人には寝耳に水だったと思う。和歌山市から100㎞離れた白浜町生まれの僕がそうだったように。

九州を除く西日本では、2000年代のはじめぐらいまでは限られた地域でしかラーメン熱は高くなかったと思う(いまでこそラーメン店は乱立しているが)。やっぱり麺と言えばうどんなのだ。

また、西日本のラーメンには基本、魚介類は入らず、スープは動物系で、濁っていて、麺は細めのストレート。あくまで傾向の話だが、西と東で結構はっきり分かれると思う。

19歳のとき、自転車日本一周の旅で初めて東京以東の東日本に入り、澄んだスープに縮れ麺というラーメンを見た。その手のラーメンはドラマや映画などフィクションの世界の中だけ、といった印象を持っていたせいか、「わ、ほんまにあったんや」と目を丸くしたほどだった。

第7章

味噌ラーメンが東京で歩いた道

――人形町

スマホがないとダメですか？

この大海原の向こうには何があるのか。見にいこう。帆を張れ、錨を上げよ。そんな大航海時代のロマンを、僕は自転車の旅に重ねている。世界一周の旅も、都内のラーメン店を巡る旅も同じなのだ。

だから、情報が何もない〝未知〟の状態で、東京の大海原にこぎだし、好きなだけさまよって、自力でお宝ラーメン店を見つけるというのが理想なのだが、それをやりだすと時間がいくらあっても足りない。気に入った岩を見るためだけにその前で4日間キャンプしたような、世界一周をしていた頃の余裕はいまはない。

そう、仕方がないのだ、と自分に言い訳しながら、パソコンをカタカタ鳴らし、お宝ラーメン店を探していると、ある店の画像が現れ、ぎょっとした。

「え、これ本物？」

緑青色の銅板をうろこ状に張った外壁に、コカ・コーラのロゴ入り看板には《軽食・喫茶》の文字、吊り下げ旗には《ラーメン》、暖簾にはなぜか《ミルクホール》。……何屋だろう？　でもネットを見る限り、ラーメンが名物のようだ。

銅板張りの店は珍しい。１９５０年に施行された建築基準法により、銅板は耐火性に問題があるとして、外壁に使えなくなった。だから、現在残っている銅板張りの建物は例外なく古い。戦前か、あるいは建築基準法が厳格に守られていたとしたら、戦後から5年までのものということになる。飲食店ではあまり見ない気がする。

どこにあるんだろう……え、神田？　思いっきり都心部じゃないか。こりゃメディアがほっとかないだろうなぁ。検索すると、記事が複数見つかった。

天邪鬼なので、できればあまり知られていない店に行きたい。せっかく自転車で自由にこぎまわって〝宝探し〟をやっているのだ。

それならネットで見つけた時点でダメではないか——おっしゃるとおり。だけど、日本橋の「大勝軒」に、豪徳寺の「満来」、そして永代橋の「おはる」、それら失われていったお宝たち。店舗の老朽化に後継者不足という従来の問題にくわえ、東京五輪を契機とした再開発ラッシュに、令和の改元。ここでひと区切り。そう考える店主が、どれだけいるだろう。悠長に構えてはいられない。延長戦になったらいい投手から使え。行きたい店から行っておけ。

ということで、セミの声もかまびすしい夏真っ盛りのある朝、阿佐ヶ谷を出た。例によってコンパスを頼りに走る。神田は東だ。

ところで先日、20代の編集者と飲んだとき、「えっ、ほんとにスマホ持っていないんですか？」と驚かれた。スマホなしでどうやって目的地に着くの？　という感覚らしい。彼は僕のこの記事を読んでいて、「ひそかにスマホを使っているだろうけど、そこは触れてはいけない」と考えていたようだ。そんな姑息なことするか！　と笑ってしまった。スマホがないと生活に支障が出るような時代が来たらわからないが、それまでは持つ気はない。意固地になっているわけではなく、持ってしまうとおそらく僕は読書の時間を著しく失うと思うからだ。

阿佐ヶ谷駅を過ぎると、その少し南に見慣れない小道があった。あれ？　入ってみると、古い建物がぽつぽつ立っている。やっぱり初めて見る景色だ。こんな通りがまだあったんだ。

妙な心持だった。まるでパラレルワールドに入ったみたいだ。自分の住む町に、異世界が広がっている……。

14年前に阿佐ヶ谷に住み始めたとき、偶然、同じ町に友人が住んでいることがわかり、その家に遊びにいったことがあった。歩いて3分ほどの距離だった。

深夜、彼の家を出て、帰途についたら、道に迷った。小道の多い迷路のような町だ。行けども行けども見知らぬ景色が広がり、本当にパラレルワールドに迷い込んだようだった。最初は楽しかった。歩き始めて30分を過ぎると「もう勘弁して」と思った。さらに1時間ほど歩いてようやく見覚えのある通りを見つけ、「助かった、やっと寝れる」と安堵しながらその道をたどると……友人の家に着いた。

そんなことを思い出しながら、〝我が町〟の見知らぬ道をこいでいると、銭湯が現れた。古そうな建物だが、タイル張りの塀に囲われ、屋根しか見えない。あれ？　むくり屋根じゃないか。

むくり屋根とは、寺や神社によくある反りの入った屋根の逆で、丸く膨らんだ屋根のことだ。田舎だとちょこちょこ見かけるが、都内では珍しい。

昔の銭湯に唐破風が多いのは、極楽浄土を表しているからだそうだが、江戸っ子の見栄っ張りも関係しているように思う。このむくり屋根もそうじゃないだろうか。コストをかけ、風呂とは直接関係のない意匠を凝らす。粋だよなあと思う。

ビル街にたたずむ銅板張りの店

高円寺の見慣れた通りに出た途端、鼻白んだ。すぐさま別の見知らぬ横道に入っていく。寺が続く静かな通りに出た。曹洞宗の寺ばかり、数えてみると6軒も並んでいる。見事な庭木はあったが、建物は言ってはなんだけど、どの寺もパッとしない。

それぞれに案内板が立っていた。案内板好きなので、ひとつひとつ読んでいく。

どうやら、どの寺も都心部の区画整理で、明治末期から大正期にかけて移転されたものらしい。最も古いもので築110年だ。建物に惹かれなかったのは、築年数がまだ浅いからかもしれない。

思えば不思議なものだ。店や民家は50年ぐらいでも味が出るのに、寺社がそうなるには300年ぐらいかかる。

細い道を縫うように走る。新宿の高層ビル群がだんだん近づいてくる。

それを横目に、山手線の高架をくぐり、適当に走っていると、大きな通りに出た。靖国通りだ。これを行けば靖国神社だろう。僕はまだ行ったこともないし見たこともない。

突然、小高い丘が現れ、目を見開いた。丘全体に巨大な建物が並んでいて、まるで要塞だ。防衛省庁舎だ。そっちに気を取られて赤信号で進んでしまい、笛が鳴った。

「信号赤ですよ！」

警備の男性に怒鳴られた。慌てて白線まで戻る。庁舎の写真を撮りたかったが、何かよくないことが起こりそうな予感がするので、青信号と同時にそそくさと立ち去った。

そこから2分ほどで靖国神社が現れ、青銅色の巨大な鳥居に目を奪われた。その先に神門が立っている。視界を覆うほど巨大な屋根に、臼のように太い木の柱。その柱のあいだから、拝殿の一部と、黒々とした森が見える。荘重な空気が漂っていた。

《創立150年》という看板が立っている。そっか。明治に建てられたからそんなものか。

150年でこれほどの威厳が備わることもあるんだな……。

時間がないので、写真だけ撮って先を急ぐ。例の店は人気店のようだから、昼の忙しい時間帯は避けたい。

靖国通りをさらに東進すると、淡路町駅に着いた。店はこの近くだ。ここで初めて地図を凝視し、店の住所と照らし合わせ、その地点に向かう。わけもない。スマホ以前は誰でもこうして目的地を目指したのだよ、若手編集者くん。

古い建物がちょこちょこ目についた。モルタルの汚れも美しい天ぷら屋に、コカ・コーラ看板をかけたタバコ屋、その他さまざまな看板建築。都心部のビジネス街にもこんなにお宝が残っていたんだな、と意外に感じられたが、それら一部のお宝をのぞけば、全体的には近代的で殺風景なビル街だ。銅板張りのラーメン店なんて本当にあるのだろうか？

……あった。

画像で見たときは「本物か？」と疑うぐらい現実離れして見えたが、実際目にするとそこまで違和感はなかった。不思議とまわりの風景に溶け込んでいる。ただし、きれいな緑青に変色した銅板の一枚一枚をじっと見ていると、過ぎてきた時間の長さに圧倒されるような気分になった。

　さあ、取材を受けてくれるだろうか。例によってアポはとっていない。

　店を記事に書くのが一応前提のサイクリングではあるが、旅にはこだわりたい。予約して時間どおり行動すれば、もう旅じゃない。単なる仕事だ。迷ったり寄り道したり、景色を見てぼうっとしたり、そういった自由が失われれば自転車で行く意味もない。

　もっとも、それらはすべてこちらの勝手な都合で、店からすればただ迷惑なだけだ。そこは平伏するしかない。すみません。

神田のビジネス街にぽつんとたたずむ銅板張りの店

引き戸を開けると、まだ10時半過ぎなのに、各テーブルに客がいて、ラーメンをすすっている。部屋の一隅では、料理にライトを当てながら撮影が行われていた。

「……え？」

なんと別の取材チームだ。思わずつんのめりそうになったが、同時に気が楽にもなった。やっぱり取材OKの店なんだ。

店のおばさんに事情を話し、「僕も取材をお願いしたいんですが」と告げたら、自分が何か頓珍漢なことを言ったように思え、変な具合に顔がゆるんだ。そんな僕をおばさんは少し怪訝な目で見たあと、店主のもとに連れていってくれた。

店主にノーアポを詫び、「僕も取材を――」とやはり間の抜けた感じのする依頼を申し出た。彼は悩ましい顔になった。

「うーん、ごめんね」

「え？」

「これ以上お客さんが増えたら、ちょっと大変だから」

そう言われると、返す言葉もなかった。一瞬固まったあと、頭を下げ、踵を返す。撮影している3人組の横を過ぎながら、「なんで俺だけ……」と少しもやもやしたものを覚えたが、すぐに思い直した。

彼らはきっと何度も店に通い、頭を下げ、取材の許可を得たのだろう。僕は旅を優先し、そういう事前準備をしなかったのだから、断られても仕方がないのだ。

店の外に出ると、真夏の強い日差しにカッと照らされた。こりゃあ今日も暑くなりそうだぞ……。

神田のガード下に漂う真昼の風情

ほかになんの情報もなく、スマホも持っていない僕は、ゼロから店を探さなければならなくなった。頼るのは己の嗅覚と、町の人の声だけだ。〝自転車お宝探し〟本来の形に戻ったわけだ。

近くの神田駅に行ってみようか。ガード下に郷愁を誘う雰囲気が漂っていた印象がある。

地図とコンパスを見て南東へ向かうと、すぐに神田駅のガードが見えてきた。

あれ？　思っていたのと違うな。橋桁や橋脚は古いレンガで趣はあるんだけど、中に入っている店はどれも似たような〝箱〟の、チェーン店っぽい店ばかりだ。西側のガードだからかな？

いつもは東側の「味坊」に羊を食べにいくのだ。あっちはいい雰囲気なんだよ。

よし、そっちだ、とガードをくぐり、東側に行ってみると……うーん、あんまり変わらないな。ガード下も新旧交代が激しいのか、２０００年にできた「味坊」が最古参の様子で、ほかは既視感のある新しい店ばかりだ。いつも来るのは夜だからよく見えただけで、昼間はこんなに味気ないのか……。

昔ながらのラーメン店どころか古い喫茶店すらなかった。それっぽいのはあるけれど、どれもレトロを模した最近の店だ。

都心部は難しいかな、と思った。本当に古い店はさっきの店のように名物店になっていて、慢性的に混んでいる。飛び込み取材は厳しいかもしれない。

交差点の案内板の前で自転車をとめ、地図を凝視した。近くによさそうなところはないだろうか。

《人形町》という地名が目に留まった。昔訪ねたときは古さも情緒もたいして感じなかったけれど、名前からして下町のにおいがぷんぷんする。

よし、行ってみよう。

おもしろいほどお宝ザックザクな街

神田から10分ほど走ると、殺風景なビル街から、人肌が感じられる賑やかな雰囲気になってきた。いい流れだ。方角は間違っていなかったようだ。

広い道から横道が何本ものびていた。その〝迷路〟に入り、におうほうへにおうほうへこいでいく。こんな〝自転車お宝探し〟を、僕は30年以上やってきたのだ。アンテナの感度もそれなりに高くなっている。

横道の奥に、路地の入口が見えた。におう、におうぞ、とそこに近づいていくと、

「うわ、本当にあった！」
車が入れないほど細い路地裏にひっそり隠れるように、古びたモルタル看板建築が立っていた。大きな赤いテントの庇は看板にもってこいなのに、店名も何も書かれていない。無地の赤だ。代わりに提灯と暖簾に《ラーメン》の文字。ふつふつと笑いがこみあげてくる。すげえ。本当に嗅覚だけでたどりついてしまった。

店名を示すものは入口の横にかかっている小さな板だけだった。墨で《わかい》と書かれている。ガラス戸越しに中を見ると、客で満席だ。時計を見ると正午過ぎ。飛び込み取材のタイミングじゃない。〝さまよいごっこ〟で時間をつ

まさに嗅覚だけで辿り着いた人形町のお宝

ぶしてから来よう。再びペダルを踏み込んだ。

人形町駅に近づくにつれ、古い建物が増え、完全に下町の雰囲気になった。以前来たときはなぜ情緒を感じなかったんだろう？……たぶん、期待しすぎたのと、前回は電車と歩きだったのに対し、今回は自転車だからだろう。自転車でぐるぐるまわれば世界が広がって、町全体のイメージをつかむことができる。

ふいにアンテナが立った。

ん？……あれって、店？

暖簾が出ているが、何も書かれていない。無地の白だ。暖簾にしては珍しい。

近づいていくと、どうやら大衆中華の店のようだ。何かを炒める音が聞こえてくる。戸が擦りガラスなので中は見えないが、漏れ出してくる熱気で混んでいるのがわかった。

正面からだと見えなかったが、小さな袖看板がついていた。庇も暖簾も無地で、店名はその袖看板だけ。さっきの「わかい」といい、人形町の流儀だろうか？

とにかく気になるぞ、この店は。〝当たり〟のにおいがぷんぷんする。でも「わかい」もよかったしなぁ。

ていうか、悩むまでもない。２軒ハシゴすればいいのだ。

まだ昼どきだから、ここも時間をつぶしてから来よう。

近くの水天宮に行ってみると、土台がコンクリートになっていた。

誘導係のおじさんに聞くと、２０１６年に免震構造にしたとのこと。

自転車は裏にとめて、と言われた。

裏手にまわると、駐輪場はなく、駐車場の入口があるだけだ。そこにも誘導係のおじさんがいる。どこに自転車をとめればいいか聞くと、おじさんは「スタンドないんだよね？」と言ったあと、「じゃあそこに立てかけて」と水天宮のコンクリートの土台を指した。

「えっ、いいんですか？」

「いいのいいの。自転車はタダだよ」

おじさんはニヤニヤ笑いながら言った。いいなぁ、大都会の観光名所でこのゆるさ。下町の空気かな。

階段を上ると、コンクリートの土台の上にお宮があった。平日なのに結構混んでいる。

白い陽光が真上から降り注いでいた。予報では今日は34度まで上がると言っていたが、もう越えているんじゃないだろうか。

境内には氷塊と紙おしぼりが入った盥が置かれていた。冷たい紙おしぼりをご自由にお取りください、ということのようだ。

いいな。ほっこりする。〝心〟を感じるよ。猛暑の中、訪れる人の気持ちを考え、ちょっとでも涼んでもらえれば、と手間を顧みず用意する。まさに〝心遣い〟だ。

いちいち感動してしまうのにはわけがあって、海外ではこういうサービスをほとんど見た記憶がないからなのだ。

海外好きの人の中には、海外のほうが人が温

真夏の水天宮のお心遣い

かい、といったある種紋切型の意見を口にする人もいるけれど、言うまでもなく、日本には日本の温かさがある。

ここ水天宮にも外国人の姿は多く見られるが、彼らはこの紙おしぼりに僕同様、これが日本か、と感じ入っているんじゃないだろうか。

境内に行列ができているところがあった。行ってみると、犬の親子の像をカップルがなでている。像の台座には《子宝いぬ》と彫られていた。水天宮は安産祈願で有名なのだ。じっとしていても汗が滲み出る暑さの中、子宝いぬをなでようと、日傘を差し、長蛇の列に並ぶカップルたちを見ていると、がんばれ、と心の中で応援する自分がいた。僕ら夫婦も苦労した末に授かることができ、つい先月、元気な娘が無事生まれたばかりなのだ。いや、無事とはいえず、妻はちょっと危険な状態に陥ったのだが、一命をとりとめ、いまはすっかり元気になった。鬼子母神にお参りしたご利益もあったのかもしれない。

神田の銅板張りの店で取材を断られて少々しょげていたが、人形町に来てからというもの、下町風情の街並みも水天宮も温かい雰囲気だし、〝お宝〟は次々に見つかるし、完全に流れが変わったな、と思った。いい旅になってきた。ようし、そろそろ頃合だろう。白い無地の暖簾がかかっていた大衆中華料理店に戻り、ガラガラと引き戸を開けると、首尾よく客は引けていた。カウンターの中には、白髪の調理人がふたり。僕はノーアポで来たことを詫び、取材をお願いした。店主らしき男性が言下に答えた。

「ああ、ごめんなさいね。ウチは取材断ってるんです。お客さんに迷惑がかかるから」

明快だった。取ってから投げるまでが早い名ショートの送球を思わせ、鮮やかですらあった。僕はさわやかな気持ちになって笑顔で答えた。そりゃそうですよねぇ、アハハ。

店を出てから、はぁ、と首を垂れた。

宙でクルクル回る地球儀

一度断られるだけでもへこむが、今日は二度目だ。酷暑の中、ますます体がだるくなってくる。あの路地裏の店に賭けるしかない。いささか悲壮な覚悟でペダルをこぎだした。

ところが、いざそこを目指していくとなると、なかなか辿り着けないのだ。お宝を見つけるアンテナの感度は、旅を重ねた分だけ高くなっていると思うが、注意力が散漫だから道を覚えない。方向音痴なのはそのためだ。もっとも、迷ってもいい、と思っているから、道を覚えようとしない面もあるのだけど。

それはいいとして、ほんとにあの店はどこに行ったんだろう。こんなに走っても見つからないなんて。たしかにややこしい場所にあったけど……いや、ほんとにあったのだろうか？……禅問答のようなことを始めた。あるいは、いつの間にかパラレルワールドに迷い込んで、現実には存在しないものを見たとか……？

軽い熱中症だったのかもしれない。〝パラレルワールド説〟を2割ぐらい本気にし始めたところで、ようやく店が現れ、ふぅ、と息をついた。

ガラス戸から中をのぞくと、客はさっきより減ったが、まだ数人いる。取材拒否に遭うところを見られたくないと思い、踵を返した。って、もう断られること前提かよ！

と、とにかく、もうちょっとだけ時間をつぶそう。

再び人形町駅のほうに戻り、路地を探索すると、銅板張りの家がぽつぽつ現れた。緑青からさらに進んで翡翠のような美しい色になっている。その色合いが時間の長さを物語り、街に奥行きを与えているようだった。

古い喫茶店も多く、大正創業という看板を掲げた店もあった。ラーメンを食べたあと、コーヒーを飲みにこようか。

お宝は何も古いものばかりじゃない。好奇心をくすぐるものならなんでもいい。目にした瞬間、テンションがキュン！と上がるようなお宝が現れた。

ガラス張りの店で、壁には《地球儀専門店》という一切ひねりなしの店名、透明な壁を通して見えるのは本当に地球儀ばかりだ。お店の人たちには申し訳ないが、こう思わずにはいられなかった。……1日に何個売れるんだろう?

一旦通りすぎたが、あとからどんどん気になってきた。戻って中に入ってみる。

色やサイズが違う程度のバリエーションしか想像できなかったが、木製スタンドの高級感あふれるものや、ムードライトのように光るものなど、インテリアとしても充実していて、見ているだけでも楽しい。

月を精巧に描写した「月球儀」もあって、へぇと感心したが、なんと「火星儀」まであった。赤茶けたその球体にも「イオリス高原」や「ダオ峡谷」などといった地名がびっしり細かく記されている。

目を疑うような商品があった。直径10㎝ほどの地球儀が台の上で宙に浮かび、自転しているのだ。店の人に聞くと、予想通り、というかそれしか考えられないが、磁力で浮いているらしい。珍しく物欲が湧き、値段を聞いたら、9800円という返事。おお、それなら、と一瞬思ったが、非売の展示品しかいまはないとのこと。じゃあ所有する代わりに、とじっと見つめていると、〝浮かぶ地球儀〟には癒し効果もあるのか、くるくる音もなく回っている地球を見ていると、なんだかこちらまで軽やかな気分に

専門性の高い店が成り立つのも東京のよさか

なってきた。

ようし、じゃあ勝負にいこう。

たまたま見つけたど真ん中のお宝

路地裏のラーメン店「わかい」に戻ると、まだ客がふたりいた。構わぬ。進め。引き戸を開ける。厨房には若いイケメンさんがいた。接客係はお婆さんというには失礼な、でもそれなりにお年を召された女性だ。ノーアポを詫び、取材をお願いすると、おばさんはちょっと戸惑った顔をしたが、「いいですよ」と言ってくれた。はぁ、よかった。

「でも」とおばさんは続けた。「どうやってこの店を知ったんですか?」

「たまたま見つけたんです」

正直にそう答えると、おばさんは目を丸くして言った。

「よく見つけましたねぇ」

ほんと、おっしゃるとおり……。

席につき、店内を見回した。

木のカウンターや木の椅子がまるで紙やすりをかけたように角が丸くなっている。どれだけ時間を経てきたのだろう。おばさんに聞いてみると、創業は60年前らしい。そんなに？　と思わず声が出た。外観から想像したよりも古い。

店の一隅に置かれていたものに目が吸い寄せられた。黒く錆びた鉄の何か……硬貨入れだ。硬貨サイズの円筒が7本、横一列に並び、10円玉や100円玉が入っている。円筒の下部には《20》《30》《40》などと書かれたボタンがついており、《40》を押すと、10円玉4枚が、その厚さにカットされた円筒の下部から押し出される。30のボタンがついた円筒の下部は10円玉3枚分の厚さにカットされている。

「これってもしかして……」

「そう、レジです。私の家は代々飲食業をやっていたんです。このレジはもともと昭和初期に創業した店で使っていたものだから、ずいぶん古いと思いますよ」

驚いたことに、この店には普通のレジがなく、その〝骨董レジ〟をいまだに使っているというのだ。いいな、こういう店は。ものを大切にする。その精神が味にどう影響するだろう。

折に触れ、思うのだ。特に家電は、いまは多くが10年も待たずに壊れ、買い替えが推奨される。そんな時代に、ものを大切にしなさい、なんて教えを、子供にどう伝えればいいのだろう。

昔の家電は強かった。我が家の電気炊飯器は、いまはなき家電メーカーサンヨーの「元気くん」という商品で、僕が学生時代に買ったものだから30年近く使っているが、いまでも元気くんだ。一度の故障もない。

いまや経済は大量消費に支えられている。そ

昭和初期から第一線で活躍するレジスター

れはそれで結構だと思う（ほんとは思わないが、仕方がない）。ただ僕はついていかない。ものを大切にし、長く使い続ける。人のそんな愚直さに愛しさを感じる。角が丸くなったカウンターも椅子も、そのままでいい。時間の蓄積が旅情を生むのだ。旅情に勝る香気はない。

あ、注文しなくちゃ。店内があまりによかったので、見入ってしまった。

いつもどおり醬油ラーメンを頼むと、おばさんが「ウチは味噌が人気なんですよ」と言った。うむむ、穏やかな口調だが、頑な気配も感じられる。しかし、酷な提案だ。この猛暑の中を自転車で走ってきたのだ（こっちの勝手だが）。本気で軽い熱中症なのでは？ と疑うぐらい体に熱がこもっている。味噌ラーメンという気分ではない。ほんとはそうめんが食べたい。

でも飛び込み取材を許してくれたし、店の人のすすめには従うべきだよなぁ。

「じゃあ、やっぱり味噌ラーメンで」

そう口に出しただけで、うっぷ、と胸が焼ける思いがした。それぐらい今日は味噌ラーメンの日ではなかった。もともと僕は味噌ラーメンをほとんど食べないのだ。

イケメン兄さんは中華鍋に野菜を入れて炒め始めた。やはり〝札幌ラーメン式〟らしい。残っていた客が食べ終えて出ていくと、おばさんは丼を片付け、そのあと僕の席に来ていろいろ話してくれた。

「60年前に開業したときは、『えぞっこ』という店だったんです。東京に初めて進出した札幌ラーメンの店だって聞いています。途中からウチが引き継ぎました。レシピも受け継いで、味も店もそのまま」

「じゃあ最初から味噌ラーメンが売りだったんですね」

「ええ」

「その頃、東京に味噌ラーメンってなかったんじゃないですか？」

「そうかもしれません。すごかったですよ。多いときは200人ぐらい並びました」

ラーメン店に行列ができるのは比較的最近の現象だろうとぼんやり思っていたが、そうでもないらしい。それにしても、たまたま入った店がそんなエポックメーキングな店だったとは。

「いまでも寒くなると並びますよ」

やっぱり、そうなんだ。夏のものじゃないよな。味噌ラーメンが札幌で生まれたのも、寒い気候と無関係ではないような気がする。ただ、さっき帰った客たちもこの真夏日に味噌ラーメンを食べていたのだ。それだけ味噌の店なのだろう。


ラーメンが運ばれてきた。おや、茎わかめだ。その代わりメンマがない。聞けば、先代の「えぞっこ」からだという。

まずはスープを飲むと、ああ、よかった。見た目からそんな気はしたが、ギトギト系じゃない。脂に頼ろうとしていない。塩気は弱くはないが、味噌ラーメンの中では比較的あっさり目だ。うん、これなら夏でもいける。

そう、味噌ラーメンを避けるようになったのは、脂と塩分のせいなのだ。味噌味はどうしても繊細さより力強さに傾くような気がする。脂多め、塩濃いめになる。高校の部活帰りならそれでよかったが、大人になって多様な味を知り、味の機微を求めるようになってからはすっかり遠ざかっていた。

でもこの味噌は違う。なるほど、下町で長くやっている味噌ラーメンはこうなんだ、と思わされた。力強い主張は必要ない。毎日でも食べられるやさしさと、丁寧な仕事に支えられた、きめ細やかさ。控えめだけれど、嚥下したあと、旨味がさざ波のように幾重にも広がっていく。

「味噌は何種類くらいブレンドしているんですか？」と聞いてみると、おばさんはにやりと笑って答えた。

「ふふふ、企業秘密」

麺も札幌ラーメンを踏襲して黄みが強く、縮れている。その縮れにスープが絡んだ硬めの麺がツルツルと口内に滑り込んでくる。実に小気味よい。

「わかい」の味噌ラーメン700円

途中でもやしをはさむ。シャキシャキした歯ざわりの中に、豚の挽き肉の弾力が交じる。肉の粒は大きめで、じわっと甘い。

茎わかめのアクセントもきいていた。こりこりして、ほんのり海の香りがする。徳島の漁師から直接送ってもらっているらしい。

「その漁師さんが東京にいらしたとき、ウチのラーメンを食べにきてくれたんですよ」

おばさんは嬉しそうにそう話してくれた。

そこへ、ちゃきちゃきした感じのお姉さんが入ってきた。お店の従業員らしい。おばさんが「娘です」と言う。あ、そうなんですか、と関心を示すと、次におばさんは厨房のイケメンを指して言った。

「あっちは孫です」

「ええっ⁉」

素っ頓狂な声をあげると、今度はお姉さんのほうが「私の息子、イケメンでしょ」と誇らしげに笑う。ええ、確かに。いや、それより、親子三代が店に出ているなんて！

〝三代目〟が営む店は数あれど、〝三代全員〟で営むラーメン店は、東京広し、いや日本広しといえど、なかなかないんじゃないだろうか。

食べ終えてからも、この周辺の見どころを教えてくれ、最後は記念撮影にも笑顔で応じてくれた。店に入ったときに感じた温もりは、やはり古色だけが原因じゃなかったのだ。

家族の事情は、他人がおいそれとはかれるものじゃない。あるいは家族だからこそ難しい面もあるかもしれない。

ただ、自分が、親父とお爺ちゃんと3人で店をまわしている、といった光景を頭に描いたとき、そこには温かいものしか浮かばなかった。守ろうとする大切なものが、そこにはあるんだろうなと思えた。

家族三代で店を切り盛りする「わかい」の若井ファミリー

レモンスカッシュの記憶

店を出ると、さっきよりは暑さも少しマシになっていた。

2店続けて取材を断られたときはどうしようかと思ったが、結局今回も見事に探し求めていた、いやそれ以上といっていいほどの店に行き着いたのだ。

糸に引かれるようにして繋がる、この縁の不思議さよ。偶然の波に身を任せ、流れていると、次第にその糸が見えてくる気がする。旅のおもしろさだなと思う。

ようし、さっきの喫茶店に行こう。今度は大正にタイムスリップだ。

木の扉を開けると、たばこの煙とコーヒーの香りに包まれた。カウンターの中にいた若い男性に取材をお願いする。

「いま店長がいないので、取材はちょっと……」

「あっ、そうなんですね」

笑顔で外に出て、はぁ、と肩を落とした。また名ショートの送球だった。ここには糸が繋がっていなかったらしい。

再び自転車に乗って路地をさまようと、さすが人形町、すぐに気になる喫茶店が現れた。アーチ型の木の扉を開けると、50代ぐらいのきれいなお姉さんに迎えられた。

「突然すみません。自転車で懐かしい風情を探す、という記事をネットの媒体に書いている者なんですが、もしよかったら」

「ええ、いいですよ」

早っ！　しかも奥にいる店長らしき男性に許可を取ろうともしない。

席に座ると、お姉さんはお冷を持ってきて、「暑いですねぇ、今日は。自転車は大変でしょ」と気さくに話しかけてくる。断られても仕方がない取材スタイルだけど、でもやっぱりこういうのは嬉しい。

昔から一貫して取材を断っているような店は別として、そうじゃない店もいまはいろいろ難しくなっている。ネットに何を書かれるかわかったものじゃないからだ。店側としては慎重にならざるを得ない。閉ざしたほうが楽だ。でも、取材云々は抜きにして、そういった疑心暗鬼な空気が世に蔓延すると、なんだか殺伐として、ちょっと寂しい。

この喫茶店「ＧＵＣＨＩ」のお姉さんも、「わかい」のおばさんも、僕と向き合って、顔を見て、受け入れてくれた。和やかなものが、そこにはあった。

古さからくるやわらかさと、ホテルのロビーのような気品を併せ持つ店内だった。馬の絵や馬の置物があちこちに配されている。

「マスターが大学で馬術部だったんです」とお姉さんは教えてくれた。店を始めてもう40年になるらしい。

僕は夏でもホットを頼むのだが、今日の暑さは度を越していた。頼んだアイスコーヒーがくると、ビールのようにズズズッと一気に飲み干してしまった。

うーむ、まだ喉の乾きが癒えない。メニューをめくると、「レモンスカッシュ」が目に留まった。ああ、なんか久しぶりに見た気がする。

子供の頃、親父と釣りにいった帰りだったか、喫茶店に入ってレモンスカッシュを頼んだ記憶がある。缶ジュースが100円なのに、なぜこれが350円もするんだろう、と子供心に思った。きっとすごくおいしいんだろうな——。

飲んでみたら、酸味が強くて、子供の舌にはおいしいとは思えず、なぜこれが350円もするのかますますわからなくなった。
そういや、あのときの親父より、僕は年をとったのか……。
レモンスカッシュが運ばれてきた。
飲んでみると、レモンの酸味がとても心地よかった。

生レモンを絞ってつくる「GUCHI」のレモンスカッシュ500円

世界の麺

7年半かけてやった自転車世界漂流は、スタートがアメリカの最北アラスカ州で、南米大陸の最南端の町まで走ったあと、北欧に飛んでヨーロッパ一周、次いでアフリカ大陸縦断、最後にアジア大陸を日本に向かって横断した。そのルートだと、旅の終盤のアジアに入るまで、麺はスパゲティぐらいしかない。〝スープ麺〟に出会うまでは、日本を発ってから6年も走らなければならなかったのだ（インスタントラーメンは世界中にあったけれど）。

最初に邂逅したスープ麺は中央アジア、ウズベキスタンのラグマンだった。〝トマト肉じゃが〟みたいなスープにうどん様の麺が入っている。入国したその日、食堂で村人たちがそれをズルズルすっているのを見て、ぞくっとした。すぐさま僕もそれを頼み、彼らと一緒にズルズルすっているうちに涙がこぼれた。アジアに帰ってきた――そう実感し、それまでに要した6年という月日の長さを思い知ったのだ。

それからは麺三昧。タイのパッタイ、ベトナムのフォー、中国の牛肉麺に刀削麺、どれも旨かった。でも強いて一番をあげるなら、中国ウイグル自治区のラグメンだ。コシの強い手打ちのうどん様の麺に羊肉野菜炒めをかけたもので、同地を旅した人はもれなく絶賛する。どの店で食べても外れがない、という点も恐れ入った。

第8章

大きな商店街で生きてきた

——長崎

人形町とキリマンジャロに通じる旅の醍醐味

澄みわたった秋の空を見上げ、「よし、向島に行こう」と思った。店は決めていない。現地で探そうと思う。

前回の旅で人形町の「わかい」に偶然たどり着き、自身の〝お宝アンテナ〟をあらためて見直すとともに、やっぱり旅は決めたところに行くより、自由気ままに、足任せ風任せでさまよったほうがはるかにおもしろい、ということを再確認した。

細い路地を曲がっていって偶然「わかい」を見つけたときの興奮、さらには東京の味噌ラーメンの源流かもしれないという店の歴史を聞いたとき覚えた不思議な気分。こちらの勝手な思い込みだけれど、まさに呼ばれていたとしか思えない出会いだった。おばさんは「よく見つけたねぇ」と驚いていたが、僕のほうも「ほんとよく見つかったな」と呆気にとられる思いだったのだ。その縁の不思議さが、旅の妙であり醍醐味だという気がする。

向島のあたりは人形町に負けず劣らず、下町風情が濃かった記憶がある。昭和なラーメン店もわけなく見つかりそうだ。

ところでなぜ向島なのか。そこには確固たる理由があるのだが、いまとなっては書く必要がなくなってしまった。なぜなら……情けない事情なので、おいおい……。

でも行く気満々だったこの日の朝は、9時半といつもより少し早めに出発した。向島は23区の東側だ。阿佐ヶ谷からは直線距離で約17㎞。でもいつものように気ままに横道に逸れ、適当に走りまわったら、何㎞になることやら。ちなみに前回の人形町は、直線距離だと僕の家から約13㎞だが、行って帰ってくるとメーターの実走距離は62㎞になっていた。

家を出て、まずは北へ向かう。駅とは逆側なので馴染みの薄いエリアだ。ちょっと走っただけで知らない小道が見えた。〝異世界〟の入口だ。それっ、と入っていく。

すぐに小さな公園が現れた。同じ町内なのに初めて見る。こんな公園があったんだ。

そこを過ぎると、銭湯が現れ、えっ？　と自転車をとめた。自宅周辺の銭湯はすべて把握しているつもりだったのに、まだあったのか。街区表示板を見ると、なんとここも阿佐ヶ谷だ。

自転車で世界をまわって、「地球って意外と小さいな」などといい気になっていたが、なんのことはない、自分の住む町でさえまだまだ未知の闇がたくさん広がっている。

それにしても、銭湯は見るだけでもいいものだなと思う。無意識にホッとする。町の人たちが裸で会する場だ。銭湯がある町は健全だな、なんて考えてしまう。

阿佐ヶ谷は銭湯が多く、それもこの町を気に入った理由のひとつだった。ただここ数年でどんどん減っている。上京当時、僕がよく行っていたふたつの銭湯は、いまは両方ともない。ひとつは駐車場になった。

小道の十字路に出た。

来た道を引き返す以外の選択肢は3つ。3つのうち、最も〝におう〟ほうに進む。これの繰り返しだ。

ひとり旅を長くしていると、おもしろいものを察知する能力がどんどん研ぎ澄まされていく。たとえば僕の場合、世界一周中、アフリカ最高峰のキリマンジャロを麓の村から見ていたら、はるか山頂の氷河や雪が夕方になって光り始め、目が釘付けになった。呼ばれている。そう感じて衝動的に登山靴や防寒具をレンタルし、4泊5日で頂上を目指すと、11年前に日本一周の旅でお世話になった人に山中でばったり再会し、標高5895mの頂上にもふたりで一緒にボロボロになって立った。以来、彼とは交流が続いているのだ。

奇妙なお化けが住んでいる家

「……ん？　なんだこれ？」

道路沿いの生垣に、白い木の扉があった。扉は「おいでおいで」と手招きするように内側に開き、敷石が「さ、さ、こちらへ」と客を迎え入れるように奥へ続いている。その向こうは小さな植物園のようになっていた。庭木は丸く整えられ、花壇には花が咲いている。不思議な空間だった。「公」か「私」かわからないのだ。公園か個人の家か判別がつかない。

正直、公園には見えなかった。ぱっと見は誰かのお屋敷の庭だ。でもそれなら、この

「おいでおいで」の扉や敷石はどう解釈すればいいんだろう。開放的かつ社交的すぎて頭のネジが外れた人の家とかかな？　中央線沿いは変な人が多いからなぁ。でもそれならそれでおもしろそうだ。おそるおそる入ってみる。

中はやっぱり個人宅の庭のようだったが、そうではないとはっきりわかるものがあった。

案内板だ。

《この土地は、大正末期から今日まで腐葉土・木灰・油かすなど、有機の肥料で作り上げてきた大地です。土質の感触にも目を凝らしてくだされば、幸いです。Aさんの庭》

Aさんの庭？　なんだろう？　環境型か体験型のアートかな？

思わず自転車をとめて凝視した謎空間

庭は巡回できるように設計されていた。それに従って歩いていくと、オレンジ色の瓦屋根、焦げ茶色の板壁、白い窓枠、といった、かわいい感じのレトロな洋館風の建物が現れた。案内板が立っている。読んでみると、わっと歓喜が押しよせた。

大正13年に建てられた洋風建築で、アニメ映画『となりのトトロ』に登場するトトロが喜んで住みそうな家として、宮崎駿監督が著書で紹介した、といったことが書かれてあったのだ。通称「トトロの家」だ。

その家が阿佐ヶ谷にあるというのは知っていた。取り壊しの危機を署名運動で回避し、区が買い上げて保存が決定したというニュースを読んだからだ。そんな家があるんだ、見にいかなきゃ、と思っているうちに月日は流れた。同じ町内とはいえ、阿佐ヶ谷も広い。南北、東西、どちらも2㎞ぐらいある。その中に網の目のように小道が走っているのだ。同じ買い物など用事がある場所以外は、よっぽど行こうと思わない限り通ることはない。同じ町内でも未知だらけなのはそのためだ。

そうしてやり過ごしているうち、次に「トトロの家」の名を見たのは、焼失、というニュースだった。公園として保存が決まった矢先、不審火で燃え落ちたとのことだ。

なぜさっさと見にいかなかったんだろう。悔やんだがあとの祭りだった。

その家がまさか復元されていたなんて。

もっとも、案内板に載っている昔の写真を見ると、前の家を完全に蘇らせたのではなく、〝イメージの復元〟だったようで、サイズがかなり小さくなったうえに、「住宅」から「公衆トイレ兼用具入れ」と用途も変わっていた。

課長が昇進して支店長になると、その風格が備わるように、役割は顔をつくる。建物についてもいえるようで、復元された家は、人の住む家というより、やっぱり公衆トイレか倉庫にしか見えなかった。

杉並区もバカだよなぁ。宮崎監督お墨付きの

かつてあった「トトロの家」を再現

「トトロの家」なのだ。こんな優良なコンテンツもないのに。もっと予算を注ぎ込んで完璧に復元すればよかったんだ。

でもま、庭を含めて全体の雰囲気はどことなく幻想的で、何度もぐるぐるまわるほど楽しかったし、何よりずっと来たかった場所なのだ。僕は内心ちょっと得意になって浮かれている。ここに来るまで十字路や三叉路をいくつ通っただろう。その都度足の向くままに道を選んでいって、ここに辿り着くんだからなぁ。

狂気を感じる町

時計を見ると、出発してから1時間近く経っている。なのにまだ阿佐ヶ谷だ。やれやれ。毎度のパターンだけれど、今回はことさらひどい。

行った先々でも散策したいのに、いつも近所で時間を費やしてしまう。でも仕方がないんだよなぁ、この町は。ひと目惚れした町なのだ。昔この町に住んでいた友人を訪ねたとき、「ここだ」と直感した。キリマンジャロと同じだ。まさに呼ばれた感じだった。

住み始めるとますます好きになった。8年前に結婚して引っ越す際も、阿佐ヶ谷限定で探したほどだった。

阿佐ヶ谷は味のある通りが迷路のように入り組んで走っている。あの先はどうなっているんだろう、とつい気になってしまう。常に旅している気分にさせてくれる町なのだ。


間もなく隣の高円寺に入り、小道を適当に進んでいくと……おや？

真空に入ったかと思うような静かな道が現れた。両側の家の庭から木々の緑があふれ、ソテツをのっぽにしたような南方系の木も生えている。なんの変哲もないと言えばないけど、物音ひとつなく、どこか現実感のない小道だ。人が消えた世界みたいだった。

塗装がはげた板壁の古い家に目が吸い寄せられた。合板のドアが爪で執拗にひっかかれたようにめくれあがり、ささくれている。獣に荒らされた山中の廃屋、といった様子だが、生活感はあり、表札も出ていた。かまぼこ板のような木の板に、殴り書きのような字で、

《高円あさ女》

「………」

狂気を感じる。

ここ高円寺も阿佐ヶ谷同様、フリーランス系の人が多いのだが、阿佐ヶ谷は文筆系、高円寺は音楽系や演劇系、と住み分けされているイメージがあった。

いかん。急ごう。再び地面を蹴ってペダルを踏む。

なおも小道を縫っていくと、ふいに目の前が明るくなり、喧噪に包まれた。看板には《高円寺庚申通り商店街》。

都内各地、昔ながらの商店街もいまではチェーン店の進出が目立つが、高円寺はまだまだ元気だ。前に「七面鳥」を追ったときの旅では、駅の南側の商店街を見てまわり、レトロさとユーモアの混じった風情に痺れたのだが、この北側も個性的な個人店が多かった。

古ぼけた洋傘店があった。「地球儀専門店」ほどの衝撃は受けなかったが、1日にいくつ洋傘が売れるんだろう、とやはり考えてしまう。

その隣はリサイクルの着物屋だ。ガラスの壁に、さっきの「高円あさ女」と同じような墨字の殴り書きで、こんな貼り紙があった。
《着物はしょせん服です》
やっぱりいいなぁ、この町も。離れがたくなり、商店街を何度も行ったり来たりしながら、いろんな店を覗き見していると、壁にかかっている時計が見え、ハッとした。11時をまわっているではないか。出発してからもうすぐ2時間だ。なのにまだ隣の高円寺だなんて。あほなの？
僕の家からだと直線距離でたぶん2㎞もない。こんなペースだと17㎞先の向島にはいつ着くんだろう。夜はどうしても観たいスポーツ中継があるのだ。
しばし考えたあと、ガラケーを取り出し、妻にメールした。
《豊島区の『太源』って店の住所教えてちょ》
10年ほど前からどうしても行きたかった店なのだ。向島はやめて、そっちに行こう。家からの直線距離は……たぶん5㎞ぐらいかな。

都内の天然温泉と円形闘技場

妻からの返信を待ちながら、小道をさまよっていると、大通りに出た。早稲田通りだ。その通りを東に走る。

横道に商店街が見えた。大通りから外れ、その中に入っていく。

《天然温泉》と書かれた銭湯があった。地中を１０００m以上掘って無理やり出した、あのよくある都会型温泉かとも思ったが、そういう様子でもない。古くからあるように見えるし、こじんまりしている。

あとで調べてわかったことだが、昭和20年代に開業した銭湯で、引いていた井戸水に温泉成分が基準以上含まれていたことから、天然温泉と名乗るようになったらしい。

由来はともかく、温泉上がりに商店街を散歩できるなんて贅沢だなぁ、と少しばかりうらやましくなった。阿佐ヶ谷から引っ越すことまでは全然考えないけれど、ここに住んだら、とちょっと空想してしまう。

商店街を行ったり来たりしたあと、数ある横道の中から最もにおう1本を選んで入り、アンテナに任せて小道をくねくね曲がりながら走っていくと、住宅街に突然、コロッセオのような巨大建築が現れ、仰天すると同時に「やっぱりあるんかい！」と思わず笑ってしまった。

三階建てで、ドリス式の列柱がズラリと並んで各階の天井を支え、角を大きくカーブさせて円形劇場に似せている。一瞬、ぶっ飛んだラブホテルかと思ったが、ハリボテ感はない。どうやらマンションらしい。なんと大がかりな意匠だろう。

そのコロッセオの写真を撮っていると、妻から返信があった。「太源」の住所は、長崎4丁目、と。地図をぱらぱらめくる。あった。えっ、もう目と鼻の先じゃん。やっぱり今日はこっち

中落合の住宅街に忽然と現れるコロッセオ

に呼ばれていたんだ。

もっと東だろうと思ってひたすら東進していたが、少々東に来すぎていたらしい。コンパスを見ながら北上する。

間もなく西武池袋線の椎名町駅に出た。「太源」はもう少し西だ。

車1台がやっと通れるほどの小道が商店街になっていた。

商店街は道が細くなればなるほど温かい雰囲気になる。青果、鮮魚、焼鳥、揚げ物、お茶、コーヒー、その他さまざまな香りと共に、人の体温も細い路地に溜まり、滞留する、そんなことを思う。

異様に長い商店街だった。どうやら隣駅の東長崎駅まで、線路に沿ってずっと続いているようだ。古びた感じのいい店が多く、昭和時代の学生下宿のような家も残っていた。

この長崎は浅草のように誰もが知る下町じゃない。でもこんなに雰囲気のいい商店街がこれほどの規模で残っているのだ。やっぱり東京はおもしろいよ。人口が減り、車社会になった地方では、悲しい現実だけれど、商店街はもたない。

正午をとうに回っていた。揚げ物の店の前を通ると腹が鳴り、コロッケをつまみ食いしたくなったが、ここは我慢しなければ。やっと念願のラーメンにありつけるのだ。思いっきり腹を空かせた状態で、最高においしく食べたい。

ところで、ここ長崎の地名ってもしかして、と思っていたら《長崎十字会》という看板が見え、膝を打った。

商店街組合の名前だろう。その名前だけでなく、十字架を模したような看板の形も、毛筆体のロゴも、いかにも江戸時代のバテレンといった感じだ。九州の長崎といえばキリシタン大名。なるほど。さしずめ九州の長崎にルーツを持つ者が治めた地といったところか。

ええっと、この筋だったかな、と記憶にかすかに残っている横道に入っていく。その通りも

お客さんたちからもらったという鉢植に囲まれた店

商店街になっていた。

線路から遠ざかるにつれ、店がまばらになっていき、商店街が終わるところに、その店「太源」が現れた。暖簾が出ている。よかった。まだやっていた。

モルタル二階建てで、暖簾には雷紋と《中華そば》の文字。ザッツ昭和店だ。

50年前のラーメンの値段

前回来たのは10年前ぐらいだ（と思っていたのだが、帰宅後、備忘録を見たら6年前だった。いい加減なものだ）。近くの中学校で夢をテーマに講演をやった。講演後、ＰＴＡのお母さんがわざわざ感想を言いに来てくれた。熱心な人で、話していると妙に波長が合う。ふと思いつき、「このあたりに旨いラーメン屋さんありませんか？」と聞いてみた。

「あります！」

即答だった。珍しい。僕は旅先で地元の人におすすめの店を聞くことが多いのだが、大半の人は「うーん」と考え込む。

彼女は店名を告げたあと、間髪を入れずに「そこの『手打ちラーメン』がおいしいです！」と付け加えた。別れ際も「『手打ちラーメン』ですよ」と念を押した。

言われたとおり、その店「太源」に行って「手打ちラーメン」を食べると、まさに僕の好きな味だった。夢中で食べていると、さっきのお母さんが娘を連れてきた。

「めっちゃ旨いです！」と僕が言うと、「そうでしょ」と彼女は微笑んだ。ネットの見知らぬ大勢の意見より、顔を合わせ、通じ合ったひとりの意見のほうが、確かなのだ。あらためてそう思った。

店主とも話をした。どこかとぼけた味のある店主は、冗談ともつかぬ顔で「年だし、儲からねえし、もう閉めるかなあ」などと言っていた。

それから10年（ほんとは6年）、暖簾が出ているのを見てホッとしながら中に入ると、昼の混雑時を終えたばかりと思しき小さな店内には、高齢の客がふたりと店主がひとり。僕はノーアポを詫びつつ、取材を申し込んでみた。

「10年（6年）ほど前に来て、食べて、感動したんです。もう一度食べたいとずっと思っていました」

取材と告げたときは怪訝そうだった店主の顔が、ふっとほころんだ。

「手打ちラーメン」を注文する。店主はすぐにはつくらず、商店街の歴史を懇々と語ってくれた。この横道の商店街ももっと大きかったんだよ、この先にも昔は店がたくさんあって、靴屋に、肉屋、文房具屋、それからえーと、電気屋で、それから……。

「そういう店が全部やめていってさ、ウチは商店街の真ん中にあったのに、いまじゃ端っこになっちゃったよ」

ますます不思議な気分になった。僕が走ってきた、線路に平行して東西1㎞以上はあるかと思われる長い商店街だけでなく、そこから南北にのびる複数の横道にも店が連なっていて、現在でも感心するぐらい大きな商店街なのだ。それなのに、その規模に見合った人通りがない。閑古鳥が鳴いている巨大テーマパークを見るようだった。

その違和感を口にすると、店主は言った。

「昔ここは学生街でね、学生の下宿がたくさんあって、そりゃあ賑やかだったんだよ」

やっぱそっかぁ。そうだよなぁ。

「この店は何年やってるんですか？」

「昭和47年からだね」

僕が3歳のときだ。

「そのとき、ラーメン一杯いくらで出していたか覚えてます？」

「60円だね」

えっ、俺、そんなに昔に生まれたの？


「ところで、ここと九州の長崎って関係あるんですか？」と聞くと、カウンターで昼間から飲んでいた翁が、おかしそうに話に加わってきた。

「ここはもともと長崎氏という武将が治めた地で、長崎村という名前だったんだ」

「えっ、じゃあ九州の長崎とは」

「関係ないよ」

「長崎十字会」は、単なる商店街の名前らしい。

「東長崎って駅が近くにあるでしょ。九州の長崎駅から見て、こっちは東にあるからその名前なの。同じ名前の駅名は認められないからね」

聞けば、おじさんは国鉄の職員だったんだそうな。

「普通のラーメンだよ」と店主は言った

ラーメンがきた。

あれ、こんなにスープ黒かったっけ？　麺も記憶とちょっと違うような。

食べてみると、おいしいんだけど……うーん、前と違う気がする。この10年（ほんとは6年）で変えたのかな。それとも思い出が美化されていただけだろうか。でも味覚の記憶って結構正確なんだけどなぁ。

食べながら「麵、変えました？」と聞いてみた。

店主は変な顔をしながら「いや、変えてないよ」と言う。

ははは。何が〝味覚の記憶は正確だ〟だ。

「そっかぁ。『手打ちラーメン』ってもっと縮れていたイメージがありました」

「それ、手打ちじゃなくて、普通のラーメンだよ」

「は？」

「えっ、『手打ちラーメン』が食べたかったの？　それならそう言ってくれなくちゃ〜」

言ったわ！　と腹の内で思いっきり突っ込んだあと、空気が抜けてふにゃふにゃと座り込む空気人形のように力が抜けた。せっかく精一杯お腹を空かせてきたのに……。

「つくり直そうか？」という店主に、僕は「大丈夫です」と答え、ラーメンをすすり続けた。食べものを捨てるのは抵抗がある。

食べ終えると、腕組みをした。お腹はもういい具合だ。ラーメンはどんなにおいしくても二杯連続はきつい。でもこの10年間（6年間）、折に触れては焦がれ、やっと来ることができたのだ。「手打ちラーメン」を食べなきゃ思いをほとんど遂げていない気がする。

「……すみません。もう一杯、『手打ちラーメン』ください」

店主は「いいの？」と聞きながら、「こっちはありがたいけどねぇ」などと軽口を言う。相変わらずすっとぼけた人だ。

「だいたいみんな〝手打ち〟を頼むよ。さっきそれを言おうと思ったんだけどさ、お兄さんが普通の『ラーメン』って言うから」
だから言ってないって！

さあ、来た。二杯目だけに、テンションも上がらず、多少、うっぷ、と胸もいっぱい、なかば義務感でスープをすすり、麺をすする。さらにすする。はあ、と深く息をつき、うんうんと頷き、店主に「これです、これです」と言うと、店主はやさしい顔で微笑んだ。

麺でこんなに変わるのか、と少々たまげた。同じスープなのに印象が全然違う。太めの手打ち麺は、中心部にしっかりコシがある一方、表

卵が入った「太源」の「手打ちラーメン」の麺

面はふわふわした軟らかい舌ざわりで、スープがうまい具合に沁みていた。麺の縮れ部にもスープが絡みついているから、麺を吸い上げると大量のスープが口に入ってくる。豚骨、鳥ガラ、煮干し、鰹節らの合わさった香りと、卵麺のふっくらした旨味が混ざって、一段と奥行が増す。普通の麺を食べたときは控えめで印象の薄いラーメンだと思ったが、こっちはくっきりと輝いていた。

「いやぁ、旨かったです」

地元の常連さんからそういうことを面と向かって言われることはあまりないのか、店主は照れくさそうに笑っている。

スープには何を？　と遠慮がちに聞いてみる

「太源」の店主。御歳 74 歳。まだまだお元気そうです！

と、入れている食材をこと細かに教えてくれた。え、いいの？　とこっちが戸惑うくらいあけっぴろげだ。

飄々とした店主には、ストイックに味を追求しているような雰囲気はなかった。再三「普通のラーメンだよ」と口にするその言葉も、謙遜だけじゃないように思えて、なんとなく拍子抜けしたのだが、午後3時、店を閉める段になって、店主の次の言葉を聞いたとき、見方が変わった。

「これからやっと朝食だよ」

「え、朝から何も食べていないんですか？」

「そう、食べると味がわからなくなるからね」

そういえば、餃子もつくりおきの冷凍ではなく、注文が入るたびに包んでいたっけ。

呼ばれる理由

僕を除いて最後の客が帰ると、店主はカウンターの中から出てきた。丼を片付け、テーブルを拭きながら「店はもうそんなには長くないよ」と6年前と同じことを言う。

「あと5年もできればいいいんじゃないかなぁ」

店主は現在74歳だ。

「カミさんが亡くなって、いまはひとりだからね。まわりのみんなに言ってるんだ。店が3日閉まっていたら、何かあったと思って、あとはよろしくって」

その言葉に湿っぽさはなかった。表情もからりとしている。独り身でも、ひとりぼっちじゃないんだろうな、と思えた。

商店街というコミュニティの中で生き、地元の人たちから愛されてきた店。店主が築き上げてきたものは、客の舌を喜ばせる味だけじゃなかった――。

「お兄さんはどこから来たの?」

阿佐ヶ谷です、と答えると、「あれま」と店主は目を丸くした。

「よく行くよ。姉が阿佐ヶ谷で店をやってるんだ。『大福』って店」

「えっ、『大福』⁉」

あるある！　入ったことはないが、阿佐ヶ谷の駅前にある中華系の居酒屋だ。僕の家からも歩いて5分ほどで行ける。やっぱりこうなるんだな、とおかしくなった。

「日常」のルーティーンから離れ、足任せ風任せの「旅」に出ると、途端に「偶然」が身近になる。自分の身に起こることだけでなく、それによって自分がとる行動もすべては偶然の産物だと感じるようになる。それら無数の偶然が重なって、「結果」が生まれていく。それは「日常」でも同じだと思うのだけど、旅に出るとより直接的に「偶然」に向かい合う気がする。観念的にではなく、じかに触れるように「偶然」の存在を肌で感じ、「偶然」に敏感になる。するとおもしろいもので、まるで縁を呼び寄せるかのように〝不思議な偶然〟が増えていくのだ。キリマンジャロで11年ぶりに恩人に再会したりするように。

世界一周の旅では、同じく自転車で旅をしていたTという日本人とネパールで会った。まだスマホもSNSもなく、ネット自体がいまほど普及していなかった時代だ。ネパールでTと別れた約3ヶ月後、タイでまたTにばったり会った。さらにその約1ヶ月後、再びベトナムで会ったときは、互いに「やっぱり」とニヤニヤ笑った。

会うヤツには会う。ふたりとも長旅をしていたので、そういうのには慣れっこになっていた。

無数の偶然の中でも、意味のある偶然を〝縁〟と呼ぶのだろう。逆に、とくに意味はなく、ただ不思議なだけの偶然も多数ある。それもひっくるめて、自分と関わるすべてのものが、自分と細い糸でつながっているように感じられる。特段の意味はない。ただ、おもしろい。旅に出ると、その〝糸〟の存在を、疑わなくなる。

阿佐ヶ谷という町もそう。糸に引かれるように、この町に居ついた。まったく逡巡しなかった。住み始めて間もなく、Tに久しぶりに連絡をとったら、なんと彼も阿佐ヶ谷に住んでいるとわかり、さすがにめんくらった。会いにいってみると、僕のアパートから歩いて3分ほどでTのアパートに着き、互いにニヤニヤ笑い合った。

こういう偶然をすぐに〝縁〟と見なし、意味を求めるのは旅人の悪い癖かもしれない。

でも「太源」の店主が阿佐ヶ谷とつながっていると知ったとき、この店の味に惹かれ、再訪したのには、やっぱり理由があったんだ、と愉快な気持ちで思ったのだった。

店を一緒に出た。店主は使い込まれたボロボロの木箱を持っている。横に長く、上面に貯金箱の穴のようなものが複数開いていた。

「それ、なんですか？」

「これ？　日掛け箱だけど」

各店が毎日、少額ずつ入れて、商店街で管理し、店賃などにあてるらしい。

日掛けというところに興をそそられた。日々生きていくのも大変だった時代を連想させると同時に、商店街の絆を深めるのにも一役買っていたんじゃないかな、と想像させるのだ。持ち回りの当番と毎日顔を合わせながら、景気はどうだい？　とかなんとか言いながら。

上面の穴は何か所もガムテープで塞がれていた。

商店街の絆、日掛け箱

「この横丁の商店街だけでも、昔はこの箱じゃ足りないくらい店があったんだけどね。いまじゃ9軒だよ」

店主はそう言って寂しそうに眉尻を下げた。

礼を言って店の前で別れた。

自転車のバッグを取り付け、鍵を外したあと、顔をあげると、店主が日掛け箱を持って、数軒先の店の店主と笑顔で話しているところだった。

幸福の黄色いオムライス

夕方の気配が立ち込めていた。時計を見ると、午後3時過ぎ。2時間以上も店主と喋っていたらしい。

さあ、どうしよう。夜のスポーツ中継に備えてすぐに帰るつもりだったが、もう少しこの商店街に浸っていたい気もする。

気になる店もいくつかあった。その筆頭が「キッチン長崎」だ。昼にその前を通ったときは、多くの客で賑わっていた。

行ってみると、明かりが消え、《準備中》の札が出ている。昼休憩らしい。

あきらめて帰るかな、と一瞬思ったが、見ているうちに、ここに寄らずに帰ると後悔するような気がしてきた。これも〝呼ばれている〟になるのだろうか？　ともあれ、商店街を散策して時間をつぶそう。

網の目のように広がる商店街をポタリングする。古い八百屋に畳屋、欧州の田舎の古城のような古ぼけた喫茶店。さらに踏切を越えると、線路の反対側――南側にも商店街が広がっていた。こっちも北側同様、人は少なく、広大な商店街の規模が奇妙に感じられる。

東長崎駅の駅前に来ると、ようやく人通りが増え、賑やかな雰囲気になった。

ここにも古そうな喫茶店があった。オレンジ色の庇テントをつけ、ガラス扉には昔の浪漫明朝体のような字で《珈琲オリーブ》。

入り口に立ち、自動ドアが開いた瞬間、大当たり～！　と脳内でくす玉が割れた。

入口から店内奥まで、赤い絨毯がバージンロードのように敷かれ、その左右の席の木の椅子は、凝りに凝った彫刻に赤い革張りと、どう見ても年代物だ。それらが黄色い間接照明に照らされ、いかにも大正ロマンといった世界が浮かび上がっていた。おまけに、店内奥の窓の向こうには枯山水の日本庭園が広がり、さらにその庭には障子戸のついた古家まで立っている。聞けば大正時代の家らしい。その家と喫茶店が棟続きなのだ。

商店街に突如として現れた異空間だった。最初から知っていたら、「なるほど、これか」と〝確認作業〟になっていただろうが、何も知らずに店に入り、バージンロード、日本庭園、大正時代の家、と次々に展開されていったのだ。スゴイスゴイ！　と小躍りせずにはいられな

まさに大正ロマン！「珈琲オリーブ」の店内

かった。

耽美的な空間で、静かにシャンソンを聴きながら、濃いコーヒーをいただき、持ってきた文庫本を読んだ。いっぱしの文化人にでもなった気分だ。

午後5時半。そろそろ頃合かな、と喫茶店を出た。


「キッチン長崎」に行ってみると、ちょうど店を開けているところだった。ノーアポを詫びつつ、取材を申し込むと、女将さんは「ちょっと待ってください」と奥に引っ込んだ。しばらくして店主らしきおじさんが「なになに？」と眠そうな顔で現れた。企画の内容と主旨を説明すると、店主は口元にシニカルな笑みを浮かべながら聞いている。独特な雰囲気の人だ。店は55年やっていて、彼は二代目らしい。

オムライスを注文する。

「家でもつくるんですけど、なかなかうまく巻けないんですよ」と言うと、「簡単だよ」とひとつひとつ説明しながら、スキップするように軽やかにつくって見せてくれた。見ている分には簡単そうなんだけどねぇ。

出てきたオムライスには千切りキャベツが添えられていた。

ふわふわの卵にスプーンを入れると、赤いごはんがパラパラと解けた。ひと粒ひと粒が油できれいにコーティングされていて、軽やかな味わいだ。

むしゃむしゃ食べていると、「どこから走ってきたの?」と店主が言う。阿佐ヶ谷です、と答えると、店主は「へ?」という顔をした。

「ははは、俺、しょっちゅう阿佐ヶ谷に行くよ。アパート持っているから」

「えっ、なんで阿佐ヶ谷に?」

ここからそう遠いわけじゃないが、豊島区、新宿区、中野区、杉並区、と4つの区をまたぐ

「キッチン長崎」のオムライス。600円で味噌汁に小鉢までつく

のだ。地理的につながりがあるとは思えない。

「俺、日大二校に通っていたんだよ。6年間」

「ええっ？」

都内に何千とある学校の中で、僕の家から一番近い学校だ。歩いて5分もかからない。


礼を言って店を出る頃には、すっかり暗くなっていた。虫の声が聞こえる。

自転車にまたがり、地面を蹴った。ひんやりしてきた秋風を頬に感じ、商店街の明かりを眺めながら、再び愉快な気持ちになっていた。

こういう偶然にはたぶん、特段の意味はないのだ。でもこういう〝妙〟があるから、おもしろいんじゃないかな。旅も、人生も。

思い出の一杯

渓流魚のアマゴを釣るために中学生の頃から自転車の遠乗りを始め、15歳でテントを積んで5日かけて和歌山県一周をやったら、もうやめられなくなった。で、19歳の春から、大学を休学し、1年かけて日本一周をやったのだ。

岩手県の久慈市でのこと。橋の下にテントを張ろうとしていたら、「なにしてるの？」と声をかけられた。見ると犬を連れたおじさんがいる。「ここで寝ようと思いまして」と答えると、おじさんは「ウチに来なよ」と言った。気軽な口調に呆気にとられながら、おじさんについていくと、お宅はラーメン店だった。しかも当時から東北では名の通った老舗「千草」だ。その夜は三陸の海の幸をご馳走になり、翌日はラーメンをいただいた。親鳥だけでとるスープの澄んだ旨さは衝撃的で、おじさんと奥さんの笑顔とも相まって体じゅうに沁みわたった。

その22年後に再訪すると、おじさんは僕のことを覚えてくれていて、再び交流が始まった。

恩人への気遣いなどは完全に排して言うのだが、千草のラーメンが僕の基準になっている。丼一杯に親鳥が半羽分も入ったスープと、その旨味を吸わせるために打たれた自家製麺とのハーモニー。僕同様に千草の味に惚れ込んだ妻といろんな店のラーメンを食べながら「千草が10ならこの店は？」という話をしているのだ。

第9章

ラーメンは地球を救う?

——新宿

意識高い系ラーメンVS昔ながらの庶民派ラーメン

自然派生活、というテーマをある雑誌で書くことになり、いろんな方にインタビューしたのだが、取材先に向かう途上、エコとはなんぞや、みたいな話を編集者Yと交わした。

「個人ができるCO_2削減策で最も有効なのは子供をつくらないことらしいですよ」

「つきつめれば、地球のために俺は死ぬ、ってところまでいきますよね」

「そういえば新宿のラーメン屋におもしろい張り紙があったなぁ。地球と体にやさしいラーメンを目指し、店主は呼吸回数を減らしてCO_2削減に取り組んでいるって」

「ぶはははっ！」

僕はひきつけを起こすくらい笑った。

「マジっすか？　それマジっすか？」

「ほんとほんと。でもここのラーメンがやっぱり〝無化調〟だったりして、それでもめちゃくちゃ旨かったんですよ」

気になる！　異様に意識高い系ラーメン！

その数日後、新宿の「思い出横丁」の前を通りがかったとき、「岐阜屋」が目に入った。戦後闇市時代からの店だ。昔ながらの店、という点では、この自転車ラーメン旅にもってこいだが、あまりに有名な店のため候補から外していた。

その「岐阜屋」の前を通ると、ガラス越しに壁のお品書きが見えた。新宿駅前の一等地でラーメンはいくらなんだろう、と興が湧き、ラーメンの文字を探してみると、えっ？と二度見した。

《ラーメン430円》

これまでで一番安いじゃん！

高級食材を使ったセレブなラーメンもいいけれど、庶民が気軽に食べられる一杯こそラーメンだろう、とことラーメンに関しては保守で意識の低い自分だ。1杯430円。この値段を新宿駅前で続けているところに、心意気のようなものを感じた。

ようし、いいことを思いついた。CO_2削減店主のつくるいまどきの意識高い系ラーメンVS昔ながらの庶民派心意気ラーメン、名付けて新宿新旧対決、略して新新対決だ！　って略さなくてもいいか。

〝神〟たちの断定に首をかしげた話

街路樹もすっかり色づき、はらはらと落ち葉も舞い始めた、晩秋のある朝、阿佐ヶ谷の自宅を出発、例によって未知の道を選んで入っていくと、やはり次々に〝お宝〟が現れ、じっくり眺めたり、思索にふけったりしたのだが、これ以上そういう話を書くと東京ラーメン紀行ではなく、阿佐ヶ谷紀行になってしまうので割愛する。

そのあと、隣の高円寺でも〝宝〟につかまって、この両方の町だけで1時間近くの寄り道をしてしまい、僕は慌てた。

いつも人でごった返している「思い出横丁」の中でも「岐阜屋」は人気店なのだ。昼食どきになると客が増えておそらく店の人と話もできないんじゃないだろうか。新宿までは脇目も振らずぶっ飛ばし、「岐阜屋」で食べてから、そのあとゆっくり新宿周辺をポタリングしよう。

ということで、小道散策をやめて大通りの青梅街道に出、車と競争するようにペダルをぶん回した。

高円寺から15分ほどで新宿に到着。午前11時。「思い出横丁」はまだ人が少なかった。「岐阜屋」に直行する。

ガラス戸からのぞいてみると、客はまばらだ。ホッとしつつ入店し、ノーアポを詫びながら、取材させてもらえないか聞いてみた。厨房のおじさんは「いま店長がいないからねえ。夕方には来るんだけど」と言う。それなら夕方にもう一度来ることにして、いまは食べるだけにしよう、とラーメンを注文した。

厨房がコの字カウンターの中にあるため、調理シーンがよく見えた。お、湯切りには平ザルを使っているのか。

いまではほとんどのラーメン店が筒形のテボを使うけれど、味の面では平ザルに分があるらしい。大量の湯に麺を泳がせて打ち粉を払えるし、湯切りもしっかりできるからだ。

ただし扱いに熟練の技が求められるうえに、ゆでた麺を全部あげてからでないと次の麺が投入できないため効率は落ちる。それなのに新宿駅前の多忙な繁盛店で使っているなんて。430円でラーメンを出す、そんな〝粋〟を貫く店なのだ、やっぱり。

おじさんはチャッ、チャッ、と平ザルの上で麺を弾ませて湯を切り、スープを張った丼にそろりと入れた。無駄のない一連の動きに思わず見とれてしまう。頭にタオルを巻いた兄ちゃんがテボをカンフーのように振り回すよくわからない動きとは対照的だ。

カウンターにラーメンがトンとのせられた。

うーむ、信じられない。これが税込み430

午前 11 時、嵐の前の静かな「岐阜屋」

円か。平ザルの職人技でつくられたものがマクドナルドのバリューセットより安いなんて。メンマにチャーシューにもやしにネギ、それに海苔までのっている。

スープをすすると、えっ？　と意外に感じた。ベースは鳥ガラだと思うが、煮干しがかなり強く香るのだ。最近のラーメンの味だ、と思った。

ここで断っておきたいのだが、僕は高校までは故郷の和歌山で、それから京都、大阪、広島で暮らした。つまりずっと西日本で、豚骨系のラーメンしか食べていなかったのだ。1990年代まではWスープどころか、魚介系の食材をスープに使ったラーメンすら、少なくとも僕のまわりには皆無だった。

東京に来て荻窪の「春木屋」で煮干しの香るラーメンを食べたときは衝撃を受け、さすが東京や、モダンや、と興奮した。しかし「春木屋」は昭和24年の創業から基本の味を変えていないらしい。

東日本では昔からラーメンに魚介も使う、といまでこそ知識として知っているが、西日本育ちの僕の舌には、煮干しの香るスープは〝昔懐かしい味〟ではなく、圧倒的に〝いま風の味〟なのだ。

だから「岐阜屋」のスープを飲んだときは反射的に現代風だと感じたし、それが意外だったので、ついこう聞いてしまった。

「スープは昔とは違うんですか？」

「ずっとこうだよ」

「えっ、昔から煮干しを？」

「そう」

しかも麺は平打ちだった。あの〝よくあるタイプ〟じゃない。

そう、正直なところ、この値段だから、凡庸な中華店で出される、あのテンプレートのラーメン——シンプルな鶏ガラ醤油スープにストレートの細麺——を想像していたのだ。

聞けば自家製麺だという。

一等地でこの質、この値段はもはや奇跡

ところで後日、ネットで「岐阜屋」の口コミを何気なく読んでいると、あれ？　と首をかしげた。誰も彼もが「スープは鶏ガラ」と断定的に書いていて、煮干しの文字がどこにもないのだ。奇妙に思い、なかば意地になって探すと、ようやく1件だけ煮干しに言及している口コミがあったが、それっきりだった（全部の口コミを見たわけじゃないが、１００件以上は見た気がする）。

味覚に絶対の自信があるのか、「スープは鶏ガラ」と断定し、「合格点はあげられる」などと書くような、お前は一体どこの審査員やねん、と言いたくなる大勢の〝神〟たちは、なぜ煮干しに気付かないのか。

読んでいるうちに、もしかしたら自分が間違っていたんじゃないかとさえ思い始め、実はこのあともう一度「岐阜屋」に食べにいったのだ。でスープを飲んだ瞬間、バッと顔を上げ、叫びそうになった。

「思いっきり煮干しやんけ！」

念のため、調理人のおじさんにも再度確認したら、「ええ、煮干し、結構入れますよ、うちは」という返事だった。

「ですよね」と僕は相槌を打ち、ネットの口コミの主たちは誰も煮干しに気付かないみたいですよ、と先生に告げ口する生徒のように言ったら、「え、そうなの？　そういうの読んだことないからなあ」とおじさんは笑った。


「岐阜屋」の最初の場面に戻ろう。煮干しの香る鶏ガラスープに平打ちの自家製麺、と予想とは違って店独自のこだわりが感じられる味に打たれ、「これが４３０円か」とますます感動しながらラーメンをすすった。

店自体も新宿にずっと根を張ってきています、という雰囲気で、従業員たちとお客さんたちがフランクに、テンポよく会話していて、なんだかやっぱり〝粋〟だなぁと感じる。

店員のちゃきちゃきしたお姉さんは、常連と思しきおじさんと、昼間から男女の営みの話をしてはカラカラ笑っていた。そこへ中年カップルが「ふたりですけど」と入ってくる。ちゃきちゃき姉さんは「あいよ、カップルシートはこちらぁ！」と何の変哲もないカウンター席を指す。僕はツボにはまってひとり肩を揺らして笑っている。

彼女のTシャツには一面に《木耳玉子炒め》《蒸し鶏》《餃子》などと一見して手書きとわかる文字がマジックで書かれていた。

お会計の際、「それって自作Tシャツですか？」と聞くと、彼女は僕の言葉がよく聞き取れなかったのか、ハァ？　と片眉を上げながら言った。

「自殺Tシャツ？」

粋だねぇ！

裸のマッチョと、マンモス小学校と、閻魔大王

さて、次は意識高い系ラーメンだ。

そこに向かう前に、自転車を外にとめたまま、「思い出横丁」の中を散策する。自転車を押して歩くことは適わないぐらい、中の通路は狭いのだ。

外国人旅行者が増え、一大観光地のようなメジャーなところになったが、あらためて見

ると、これほどディープな通りが日本にどれだけあるだろうかと思う。両腕をのばせば届きそうなほど狭い路地に、ぎゅうぎゅう詰めの小さな二階家たち。全体的に色が黒いせいか、焼け跡のような雰囲気が漂い、戦後闇市が彷彿として浮かぶ。窓の格子や木の手すりや錆びついた鉄柱など、闇市時代からのものじゃないかと思うものがそこかしこにあり、古い物好きにはたまらない空間だ。夜しか来たことがなかったから気付かなかったが、昼間来ると細部がよく見える。

そこを出て自転車にまたがった。

ここ思い出横丁は新宿の西側で、意識高い系ラーメンの店は新宿の東側のはしっこだ。そこ

戦後闇市の気配が残る「思い出横丁」

に向かいながら、周辺をポタリングして腹を空かせよう。

山手線の高架をくぐり、ドン・キホーテや伊勢丹やマルイなどおなじみのビルがごちゃごちゃ立ち並ぶ繁華街を過ぎると、雰囲気の違うエリアに入る。新宿二丁目だ。ゲイバーなどゲイ関連の店が４００軒ほどあるらしい。アダルトグッズショップにはマッチョな男性の裸のポスターが貼られていた。

その隣の一丁目には小学校があった。その立地にも驚かされるが、田舎の学校と比べてもいやに広いと思えるグランドがあり、校舎は市役所かと見まがうほど巨大な四階建てだ。新宿に子連れ世代がそんなに住んでいるのだろうか？　と思った次の瞬間、あそっか、とひとり合点した。都会の真ん中で災害時の役割が求められているのか……。

帰宅後、ネットでこの小学校のホームページを見たら、児童数はなんと、各学年20人程度で、全校生徒は１４１人だった。お隣二丁目のゲイバーの数の約3分の1……。

いまは少子化で全国の多くの学校に空き教室がいくつもあり、校舎がガランとしているのだが（学校に呼ばれて講演することが多いのでしょっちゅう見ている）、１０００人は授業が受けられそうなこのマンモス校の校舎の中はどんな風になっているんだろう。

この新宿一丁目界隈は二丁目とは違って、急にひなびた雰囲気になり、古い団地もあって生活感が漂っていた。こりゃあにおうぞ、と路地をしらみつぶしにまわってみると、やはりぽつぽつとおもしろいものが現れる。《石鹼問屋釜屋》という巨大な文字の跡を壁にくっきり残した看板建築（現在の看板は《不動産　釜屋》）に、四角い箱をごちゃごちゃ積み上げただけのような、いかにも高度成長期の雑居ビル（インドの集合住宅みたい）、20年ぐらい放置されていそうな廃病院は、蔦などの植物にびっしりと覆われ、自然の驚異的な復元力を都会の真ん中で披露していた（ジャングルに呑まれた遺跡みたい）。

イチョウが金色に色づいた寺があった。寺標

都会の真ん中で“ラピュタ化”する廃病院

を見ると《太宗寺》とある。

その中の「閻魔堂」に近づき、格子戸越しに覗いてみたが、暗くてよく見えない。戸の横にボタンがあるのに気付き、押してみると、突然明かりがつき、ワッとのけぞった。でかっ！

閻魔大王だ。案内板によると、江戸後期につくられた木像で、高さはなんと5.5m。その大きさだけじゃなく、造形も表情も、そしてライトで突然現れる演出も、テーマパークのアトラクションを連想させるほどよくできている。それで無料なのだ。

《子供のしつけのため参拝されたりしました》と案内板にあった。たしかにスマホを使いこなすような現代の子供にも効果があるかもしれない。そう思えるぐらい迫力がある。

この閻魔の言い伝えなんかが新宿のような町にいまでも息づき、「あの寺には閻魔大王がいるんだぞ」と地元の子供たちから恐れられていたらいいのにな、と思った。もしそうなら、ほっこりする。

閻魔大王なんかの話はどんどん子供にすればいいのだ。道徳心に影響するんじゃないだろうか。自分の幼少期を振り返ると、少なくとも僕にはとても効果的だった。嘘をついたら舌を抜かれるなんて、初めて聞いたときはリアルに想像して本当に怖かったもんなぁ。

健全な街のシンボル（?）、古い喫茶店もあった。ちょっと休憩していこう。

ドアを開けると、3坪ほどの小さな店に琥珀色の光が灯っている。秘密基地風の地下のバーといった風情だ。ふふ、また当たりだ。というより、古い喫茶店に入って落胆した試しがない。時間が染みついて味になる。時間の淘汰もある。いい店だけが残っていく。

ロマンスグレーの店主はバーテンダーのようにぱりっとした白シャツを着て蝶ネクタイをつけていた。給仕係のエプロンをつけたママとは

新宿で50年続く喫茶店のテーブル

どうやら夫婦のようだ。

テーブルのガラス板の下にはコーヒー豆が敷き詰められていた。ああ、これも〝昭和遺産〟だろうか。見なくなったなぁ。

メニューを見て驚いた。ブレンドで350円、ストレートも軒並み400円で、なんと税込み。さらには、もう十分安いのに、《今週のサービスコーヒー、グアテマラ350円》と掲示されている。ストレートのコーヒーをその価格で飲める店なんて、新宿じゃなくてもなかなかない。しかも紙おしぼりではなく、温かい布おしぼりが出てきた。

グアテマラとトーストを頼んだ。店主は豆を挽き、サイフォンに入れる。コポコポと音が鳴る。

「ずっとこの値段なんですか?」

「値上げしそこなったんです」

店主もママも穏やかにフフッと笑う。1971年創業らしい。

「最後に値上げしたのは20年前になるかしら」

そのあいだ豆は何度も値上がりした。

「あと消費税も、何度か」

増税は値上げをする口実にもなったはずだし、実際そうしている店は多い。それなのに、消費税が5%から8%に、さらに10%に上がっても、コーヒー1杯は350円のまま。税込みの値段だから、増税分はすべて店の負担だ。

途切れなく客がやってきた。ほとんどの客が店に入ってくると店主とママに挨拶し、言葉を交わす。友人同士が話しているような和やかさだ。値上げできないのは、お客さんの顔が浮かぶからじゃないかな。

お客さんの軽口に、店主もママもフフッと笑う。3坪の店でふたり、もうすぐ50年。基地、やはりその言葉がしっくりくる。半世紀かけて、人と時間によって醸され磨かれ、完成された〝基地〟。忙しく過ぎていく時間が、澱が沈むように落ち着いていく。

僕は文庫本を取り出し、コーヒーをお代わりした。

呼吸数を減らして地球を救うラーメン店の真実

外に出ると、いつの間にか夕暮れの気配が街を覆っていた。時計を見ると午後4時だ。どんどん日が短くなっている。

例の店「しろ八」に向かう。

古い建物がぽつぽつ残る新宿一丁目にその店はあった。実はポタリング中に何度も見かけていて、店の所在は知っていたのだ。

店の前には立て看板が7枚あった。メニューのほか、《化学調味料、合成保存料無添加、有機または減農薬の野菜を使った体にやさしいらーめんです》といったことが書かれており、意識の高さが入店前からビシビシ伝わってくる。

店内に入ると、時間が時間だけに客はいなかった。

見事なドレッドヘアの男性がひとり、カウンターの中にいる。なるほど、自然志向のラスタだから、環境のために呼吸回数を減らしているのか。

ノーアポを詫び、取材させてもらえないか聞いてみた。

「店長はいまいないんですよ。5時に来ます」

あれ？　彼じゃなかったんだ。

ともあれ、腹も減ったので先に食べて、あとから店長に会いにこよう。

店の看板商品らしき「追鰹醤油らーめん」を頼む。750円。

メニューにもたくさんの文字が書かれていた。

《10種の野菜と海産物、鶏、豚を朝5時からじっくり煮込んだ～中略～醤油は杉樽で天然発酵させた井上醤油、塩は1億6千万年前の海の味がするモンゴル塩を～以下略》

メニュー立てには分厚いファイルがあった。中を開くと、大きな文字で《12月のお野菜は千葉県篠崎弘一さんの小松菜です》とある。月替わりのトッピング野菜情報のようだ。曰く、この小松菜が育った北総の大地は葉物野菜に適した火山灰土の黒ボク土で、牛糞などに天然塩を混ぜて発酵させた自家製の堆肥を使い、土壌消毒には薬を使わず、熱湯をかけて殺菌や殺虫を云々、と300文字ぐらいでびっしり書かれている。

ラスタ氏がラーメンをつくっているあいだ、こっそり店内を見まわしたが、例のあれは見つからなかった。しばらくどうしようか迷ったが、思いきって聞いてみた。

「あの、呼吸を減らすっていう貼り紙はないんですか？」

ラスタ氏はあっはっは、と笑って、「ここは10年ぐらい前に移転してきたんですけど、前の店にはその貼り紙があったらしいですね」と言う。うーん、残念。

「じゃあ店主は呼吸を減らすのもやめたんですか？」

「いや、やってますよ」
マ、マジか！　本気だったのか！
1分間に18回だった呼吸を16回に減らした、と貼り紙には書かれていたらしい。それで減らせるCO_2と、スープを煮込むために朝5時から火を焚いて排出されるCO_2はどっちが多いのだろう？

などと考えていると、ラーメンが出てきた。

食べてみると、おや？　と意外に感じた。

編集者Yは「ラーメンはめちゃくちゃ旨かったんです」と言っていたが、正直、あまり期待していなかった。なにしろ呼吸を減らしてCO_2削減である。客観性がなさすぎるではないか。独善はものづくりにとってたいていは害だ。

ところが、スープを口に含むと、鶏や豚の旨味、野菜の甘味がグラデーションのように広がっていき、嚥下したあと、もうひと押し、鰹節がふわあっと香る。柚子も光る。〝無化調〟らしくすっきりあっさりしているが、物足りなさはなく、旨味と芳香が重層的に膨れ上がっていく。繊細なスープに合わせて、麺もやさしいタイプだったが、程よい弾力を最後まで保って、舌の上をちゅるちゅると滑っていった。よく計算されている。バランスも見事だ（なんかエラそうだけれど、素直な感想）。

淡麗かコッテリかに関わらず、〝一発当てたろ感〟のある押しの強い最近のラーメンが僕は苦手なのだが、それは食べていて疲れるからだ。昔ながらの中華そばは、ホッとする。毎日でも食べることができる。

「しろ八」のラーメンは、コンセプトは野心的だが、呼吸数を減らすようなヘンタイ氏（失礼！）がつくっているわりには、ラーメン自体にはうるさい主張がなく、体に負荷なく入ってくるきれいな味だった。

スープを最後まで飲み干し、お会計をして一旦店を出た。

夕暮れどきの新宿をのんびりポタリングしたあと、17時過ぎに再び「しろ八」に行くと、カウンターの中は別の、50代ぐらいの人に替わっていた。店主のようだ。ラスタ氏から聞いていたらしく、すぐに掲載をOKしてくれた。

僕はずばり聞いてみた。

「ほんとに呼吸回数を減らしているんですか？」

「あはは、まさか。冗談ですよ」

「は？」

「ネタに決まっているじゃないですか～」

店主は快活に笑っている。

だよなぁ。あのラーメンの味だもん。やれやれ、ラスタ氏にいっぱい食わされた。

でも環境問題に関心があるのは本当らしい。

「2005年に店を始めたとき、割り箸は置きませんでした。当時はまだそういう店は少なかったんじゃないかな。お客さんに理解してもらうのもひと苦労でしたね。『塗り箸じゃ食えねえ』って出ていった人もいました。貼り紙？　ああ、呼吸の数の。ええ、移転前の店には貼っていました。ネタですけど、啓蒙活動の意味も実はあったんです。環境に興味を持ってもらえたらと思って。でも常連客みんなから突っ込まれましたね。ネタ的にはかなりウケましたよ。ははは」

やっぱり、この店主も相当な食わせものだ。もともとカメラマン兼ライターだと聞いて、ああ、と妙に納得がいった。

ラーメンの修業は3店舗でやり、自分のラーメンを追い求めたらしい。

「独立してからもずっと模索が続いて、開店して5～6年後にようやくできてきたかな、って感じですね。でも完成はありません。常に探求です」

軽妙なユーモアと、真摯な姿勢。バランスがいいわけだ。おかげで旨いラーメンが食べられたのはよかったけど……実をいえば、本気で呼吸回数を減らしている真のヘンタイがつくったラーメンも食べてみたかったんだよなぁ。ネタ的に。

可もなく不可もないコーヒーカップ

「岐阜屋」に戻り、今朝はいなかった店長に会って掲載の許可をいただいた。

その後再び「思い出横丁」を散策した。午後5時。人出はまだまだだったが、暗がりに赤提灯が並ぶ光景は昔とそう変わらないんだろうなと思えた。

帰る前に1964年創業の「但馬屋珈琲店」に寄った。

昼に入った喫茶店とは好対照だ。どちらも新宿の〝昭和喫茶〟だが、あちらは新宿の外れの下町界隈に立っていて、サイフォンで淹れてくれるコーヒーが1杯350円。

かたやこちらの「但馬屋」は、新宿駅前の一等地にあり、コーヒー1杯が750円だ。ただし、自家焙煎の豆を使い、一杯ずつネルで淹れてくれる。香りもコクも並の喫茶店とは全然違う。そのうえ、客の様子に合わせたカップで提供するという心憎い演出があるのだ。自分が客観的にどう見られているのかが垣間見えておもしろい。

この店には15、6年前に一度入ったことがあった。長い海外放浪を終えてすぐの頃だ。

当時の僕はヒッピー崩れのような怪しくむさくるしい雰囲気だったと思う。そんな僕に出されたカップは、渦巻き模様がたくさん入った、バカボンの着物のような滑稽なやつだった。嬉しかったので、いまでもはっきりと覚えている。

それから時が流れ、怪しい青年が怪しいおっさんになった。いまはどんなカップで出されるだろう。

立派な梁がむき出しになったウッディな店内に座り、ワクワクしながら待っていると、運ばれてきたのはちょっと予想外のカップだった。

白地にゴールドの縁取りに蔦に花、いかにもウェッジウッドらしいエレガントなカップだ。へぇ、僕も年を重ねて、バカボンからガクトかヨシキくらいになったか、と一瞬喜んだのだが、そのカップでコーヒーを飲んでいるうちに少し鼻白んできた。

前回はおそらく、店の人が僕を見て、わざわざ〝バカボンカップ〟を選んでくれたのだ。でも今回のウェッジウッドは、無難だった。よくあるタイプだ。客ごとにカップの区分けがあるとしたら、これは「その他大勢」という枠に入っている気がする。

全員から愛されることを求めて、可もなく不可もないものになっていないか？　そう自問しながら文章を書いている。あるいは、生きている。バランスのいい、クセのない人間なんて、つまらないではないか。

ＣＯ２削減のために呼吸数を減らす。そんなことはもちろんしないけれど、そういったバカげたことに打ち込むパワーやクレージーさは、いつまでも大事にしたい。


お勘定のあと、外に出た。入口の脇のガラスケースに食品サンプルが入っている。白いプリン様のものがあった。杏仁豆腐かな、と思ったら、「はじかみ（生姜）プリン」と書かれている。クラシカルな店なのに結構攻めているなぁ。

「珈琲ぜんざい」というのもあった。ありそうでなかなかないような……。珈琲ゼリーが入っているのだろうか？

それらを写真に撮っていると、店長が出てきた。やべ。取材をお願いしたとき、あまりいい顔をしなかったのだ（繰り返すが、突撃取材しているこっちが悪い）。何か注意されるのだろうか。

店長は「変わってるでしょ、生姜プリン。結構人気なんですよ」と言って微笑んだ。あれ？　こんなやさしい顔をする人だったんだ。

僕は素直に「意外でした。但馬屋さんにこういうのもあるんですね」と言うと、店長は相好を崩した。

「よそと同じメニューを出しても仕方ないですからね」

「そうですよね」と僕は同調し、しばらく立ち話をした。

それから店の前にとめた自転車の鍵を外した。店長が言う。

「全国の喫茶店をまわっているんですか?」

あれ? そんな風に見えるんだ。

「いえいえ、東京だけです。都内の昭和風情の店を自転車で探しまわっているんです」

そう答えたあと、店長に礼を言って、自転車にまたがり、地面を蹴った。

光の群れが動きだす。

ふふ、まだ普通のおっさんにはなりきれていないのかな……。

足の回転が速くなるにつれ、ペダルがどんどん軽くなっていく。新宿の光の洪水がうしろへうしろへ飛ぶように流れていった。

あとがきにかえて、ラストトリップ――大崎

都内を自転車で気ままに走ってお宝を探し、昔ながらのラーメンを食べる、という旅を約1年間やって2019年を終えた。ここで一旦ペダルから足を外し、本稿の筆をおくことにしよう。そう思っていたら、間もなく新型コロナの時代が始まり、世界が大きく変容した。僕も家に閉じこもりがちになった。

必要以上に怖がるのもどうかと思うが、もらわないに越したことはない。リスクを減らすために、取材や打ち合わせには自転車で行くようになった。

時差出勤やテレワークが奨励されているけれど、これを機に自転車通勤ももっと見直されたらいいのにと思う。感染リスクは下がるし、適度な運動だから免疫力も上がる。移動に時間がかかる?……チッチッチ。たとえば僕の場合、阿佐ヶ谷の自宅から永田町の某編集部まで、電車だと駅までの徒歩移動や乗り換えを入れて40〜50分。一方、自宅から編集部までの距離は約12kmだから、スポーツ自転車なら赤信号を入れても40〜50分だ。これぐ

らいの距離なら電車も自転車も変わらないのだ。

ある日、大崎で夕方から仕事が入った。大崎といえば品川区。自転車ではまだ行ったことがない。じゃあ久しぶりにお宝探し&ラーメンの旅をやろうか、と考えた。

店は現地で探そうと思うが、一応〝保険〟もかけておこう。夕方の待ち合わせに遅刻はできない。いろいろキーワードを入れてネット検索すると、いい店が見つかった。「平和軒」。なんと創業は昭和2年だという。


こうして春のある朝、自宅を出発。お宝の宝庫、阿佐ヶ谷でいつも時間を取られてしまうので、脇目も振らずぶっ飛ばした。

善福寺川を越えて、なんとか魔界＝阿佐ヶ谷から脱出すると、深い森に包まれた大宮八幡宮が現れ、味のある通りが広がった。参道らしい。義経公が東北遠征の際、馬の鞍をかけたとされる松なんかも通りにぽつんとある。

参道が終わると、コンパスを見ながら南へ、におう小道を選んで入っていく。

すぐに雰囲気のある通りに出た。看板には《和泉仲通り商栄会》とある。

ひなびた商店街だった。遠くの町に来たみたいだ。旅情すら感じられる。情緒ある参道に旧跡、生活感と哀愁が漂う商店街……そうだ、まさに田舎町と同じ空気なのだ。

東京といえば、都会の華やかなイメージが強かったけれど、東京に住み始めてから、また、この自転車お宝ラーメン旅を始めてからは、すっかり印象が変わった。東京はごく一部のビル街や繁華街をのぞけば、大半は〝素朴な田舎町の集合体〟なのだ。それぞれの町に味と温もりがある。

ああ、やっぱり楽しいなぁ。しみじみそう感じながら、古びた商店街を走っていると、〝お宝アンテナ〟の髪がピピピピと震えだした。ん？　なんかにおうぞ。

前方に目を据え、自転車をこぎ続ける。

しばらくして髪がピコンと立ったかと思うと、次の瞬間、超ド級のものが現れ、うしろに倒れそうになった。

「ガウディかよっ！」

奇抜でゴテゴテした彫刻に、カメレオンの目のようなモザイクタイル、どう見てもアントニオ・ガウディだ。というか、本気で一瞬「ガウディのパロディだろ」と思ったのだが、ジョークにしては大がかりすぎる。五階建てのマンションなのだ。束の間呆然と見たあと、頬が緩んで仕方がなくなった。こういうところが東京はおもしろいんだよなぁ。ポタリングすると、結構な頻度でぶっとんだ建物に遭遇する。

そこを出て走り始めると、1分もしないうちに今度は三階建てビル相当の金髪女性やペガサスといった巨大彫刻が壁から飛び出したマンションが現れ、再びのけぞった。

「こんなんばっかかよ!」

こちらは一瞬、愛のホテルかと思ったが、それにしては手が込んでいる。どうやらこれもマンションらしい。さっきの物件と同じ建築家じゃないの? と思い、帰ってネットで調べる

1992年に建てられた「マインド和亜」

と、正解。梵寿綱という知る人ぞ知る建築家の作だった。日本のガウディなどとも呼ばれているそうだ。でしょうね……。

さらにコンパスを見ながら南へ南へ、小道を縫うように走り、肉まんの名店「鹿港」で取材先への手土産を購入、再び自転車にまたがって、目の前の大通りを渡り、最もにおう小道を選んで入ると、10秒後に「ええっ⁉」と目を剝いた。田舎でもなかなか見ないような巨大な茅葺屋根だ。案内板には《世田谷代官屋敷》。国の重要文化財だそうな。管理人小屋のおじさんと目が合ったので見学していくことにした。無料だという。なのにパンフレットまでくれた。

茅葺屋根だけでも一見に値する「世田谷代官屋敷」

1737年に建てられた都内唯一の代官屋敷、とある。

家の中も外見に劣らず立派で〝つくりもの感〟が一切なかった。湾曲した巨大な梁をはじめ、天井の木組みに目が釘付けになる。水に濡れたような手延べガラスも残っていた。関東大震災や東京大空襲にも耐えてきたということか。

ああ、完全に旅だな、と思った。東京で、しかも自宅から2時間も走っていないのに、発見に次ぐ発見だ。ワクワクしっぱなしだ。久しぶりのポタリングに僕は感動していた。

事前に名所を調べ、ナビ通りに走ってもつまらないのだ。〝確認〟に高揚感はない。スマホを捨てよ、町へ出よう、だ。ああ、やっぱ俺の頭はじじぃだな。でもいいや。

東京の小道は本当に〝お宝〟だらけなのだ。何も決めなくていい。気ままにさまよえば、不思議なぐらいたくさんの発見がある。いや、東京に限ったことじゃない。日本各地を自転車で数日旅して紀行を綴る、という連載を自転車雑誌に14年間続けているのだが、毎回どの話を削るかで頭が痛いほどなのだ。おもしろいのだ。日本は。

さらに南東へ走って、東京一長い商店街「戸越銀座」を訪ね、その周辺で店を探してみたのだが、意外とチェーン店が多く、惹かれるラーメン店はなかった。じゃあ、やっぱり出発前に見当をつけておいた「平和軒」に行こうか。なにしろ昭和2年創業だ。

大通りに出て、大崎駅方面へとペダルを回し、駅の手前で右折、少し走ると、あれかな？　と思うものが目に入った。大通りから脇へ入る横道の奥にボロボロの赤い暖簾が見える。その横道への入口はなんと階段だ。モータリゼーションをはなから無視した立地なのだ。

自転車を担ぎ、階段を上った。

引き戸を引くと、小さなテーブルがふたつ。先客で埋まっている。奥の小上がりに行くと、民家の一室のような空間だ。そこにも先客がい

階段を上った先に平和軒が見えます

たが、空いている席についた。

60年配のおじさんがひとりでやっているようで、できた料理を自ら運んでいる。

「お待たせしました。遅くなって申し訳ございません。熱いのでお気を付けください」

満席で忙しいはずなのに全員に声をかけている。

僕のラーメンを運んできたときも同様に、遅くなったことへの詫びと熱さへの注意喚起を口にした。常連だけでなく、僕のような一見客にも言ってくれるんだ。

スープを飲むと、ああ、と体の底からため息が出た。これなんだよなぁ。きれいな味だ。磨かれ、澄みきって、旨味だけが残っている。僕がこうした昭和な店が好きなのは、懐古趣味だけではないのだ。最近のラーメンのスープは複雑さや〝厚み〟が是とされているけれど、疲れるんだよ、あれは。淡麗系でも。毎日は食えない。昔から何十年もやっている店は、やはり近所の人たちが通い続けるだけの理由があるのだ。

麺をすすると、きれいなスープをたっぷり吸ったもちもちの麺が口内で踊ってしぶきをあげた。ああ、これだよ、この一体感だよ。麺もスープも、それぞれは主張せず控えめなのだ。でも麺とスープの調和に、強い美意識を感じる。味に出るんだよな。細かなところまで行き届いている。たしかに〝人ガラ〟が入っているのだ。

食べ終えたあと、店主に話を聞いた。昭和2年創業の店は戦争で焼け、60年ほど前にこっちに移ってきたらしい。店主は三代目だとか。

麺は自家製で、打ったあと2、3日ねかせるそうだ。スープは鶏と豚だけ。あのきれいな味はやっぱりそういうことか、と思った。入れる食材の種類を増やせば複雑さは出るけれど、それを厚みととるか、濁りととるか。

「もしかして香味油は使ってませんか?」と聞くと、店主は矜持を感じさせる微笑を浮かべ、「ええ、使いません」と言った。

いまでこそラーメンに香味油は当たり前のよ

昭和2年創業の東京の店にはやっぱりナルトが。ラーメン500円、半炒飯360円

うに使われるけれど、何か本質的じゃない気がする。実際、味に出る。装飾的だなと僕は感じてしまう（これを書くにあたって、最も僕好みのラーメンを出す岩手の「千草」の三代目に聞いてみたのだが、彼もやはり香味油は邪道と考えているようだった。この原稿を読んでもらったら、「本質的じゃなく装飾的」という表現にえらく共感し、笑っていた）。

もっとも、結局は好みだから、是も非もない。僕は「平和軒」の味が好き。それだけのことだ。ただ、こういう店や味がどんどんなくなっている現状は、どうにも寂しい。飾りたてた複雑で派手な味もいいけれど、味の澄んだ、体に染みるスープの価値も、もっと認められ、広がっていいと思うんだよな。

大崎を出ると、隣の品川を目指した。次の取材までまだ少し時間がある。東海道五十三次の第一宿で、岡場所（私娼地）もあった「品川宿」のあたりを散策してみよう。

品川駅とその周辺は完璧に開発され、都会的な印象しか受けないが、「品川宿」のあった北品川や東品川周辺をポタリングすると古い風情がたくさん残っていた。入り組んだ路地に、漁村の名残のような板張りの家、妓楼かと見まがうような豪奢な屋敷、はたまた赤線時代の特殊飲食店らしき家、と次々にお宝が現れる。道のド真ん中に手押しポンプの井戸があったのには笑った。ここもモータリゼーションを完全に無視している。

決してガイドブックに載るような観光名所じゃない。でもそういう場所こそ、つくられたわざとらしさがないから、リアルで、おもしろい。発見の喜びに満ちている。

趣のある通りに出た。旧東海道だ。戦前の銅板張り建築がぽつぽつ残っている。いかにも歴史のありそうな板張りの履物店があった。主人に話を聞くと、慶応元年から155年続く店で、建物は明治中期のものらしい。この品川宿一帯は戦火を逃れたんだそうだ。

ペダルを踏めば、やっぱりおもしろいほどお宝が出てくるのだ。コロナ禍で家に閉じこもっていた僕は夢中になった。何かに憑かれたように片っ端から路地を攻め、人に話を聞いた。エレファントカシマシの歌のフレーズ――歩くのはいいぜ。明日もあさってもまた出かけよう――が頭の中でずっと流れ、なんだか体が火照って仕方がないのだ。

そう、だから、ひとまず筆はおくけれど、旅のほうは終わらない。場所や距離じゃないのだ。見つける姿勢。感じる心。それさえあればいつだって旅だ。

その名も『街角の煙草屋までの旅』という吉行淳之介のエッセイに、『北回帰線』の著者ヘンリー・ミラーの文章が紹介されている。

「私たちが飲み屋や角の八百屋まで歩いていくときでさえ、それが二度と戻ってこないことになるかもしれない旅だということに気が付いているだろうか？　そのことを鋭く感じ、家から一歩外へ出るたびに航海に出たという気になれば、それで人生は少しは変わるのではないだろうか？」

実際、僕の中では、都内のラーメン旅も世界一周も大きな違いはないのだ。旅はいつだって、どんな状況でだって、できる。

この本をガイドブックとして使う人はあまりいないと思うけれど、一応書き添えておこうと思う。ここに紹介した店のうち、残念ながら3店が閉店、あるいは閉店に近い状況になっている。

浅草橋の「幸貴」。２０２０年10月の時点で、1年ほど閉まったままだと近所のおばさんから聞いた。体調面の問題らしい。ただ最近、元気な姿を見かけたそうだから営業再開もあるかもしれない。

雑司が谷の「ターキー」。広く愛された店は、閉店のニュースがネットの記事にも出るほどだった。店主、甲立一雄さんのアパートが老朽化により取り壊しが決まったのが直接の原因のようだ。店の近くは家賃が高く、店の営業が難しい。以前と同等の家賃を求めると店から遠く離れ、通うのが難しい。悩んだ末に74歳の甲立さんが出した結論だった。

新宿一丁目の「しろ八」。ちょうどこの単行本用の原稿を書いているときに、文中にも出てくる編集者Yから閉店の知らせが入った。新宿という場所柄、コロナ禍のあおりをもろにくらったせいか。

行ったら、あるいは、行こうと思ったら、閉店していて「ガーン」というシーンが本文にも幾度となく出てくるが、昭和ラーメン店の閉店は今後ますます加速していくのだろう。老朽化や後継者不足など従来の理由に加え、降って湧いた新型ウィルス。毒性のほどはいろんな説が巷にあふれていてよくわからないが、これまでがんばってきた高齢の店主の心を砕くだけの〝凶悪性〟は、ある。

応援の気持ちも込めて、本書を書いてきた。古い店の、キラキラした塵の舞う空間で、人々から長く愛されてきた味を体に入れ、店主や客と交流する、その時間は、まぎれもなく宝だ。ネットで下調べして、人気の高い〝最旬〟の店に並んで食べるのも結構だけれど、ふらりと訪れた街で、古い店があったら、えいっと飛び込んでみるのもいい。そんな小さな〝大冒険〟が、心にいつまでも残ったり、日常をおもしろくしてくれたりする。

最後になりますが、この、僕の理想とする旅のきっかけを与えてくださった、江部拓弥さん、また本書の執筆の機会と、適切なアドバイスをくださった及川健智さん、そして読んでくださった皆様に心より御礼申し上げます。

2020年晩秋　石田ゆうすけ

石田ゆうすけ（いしだ・ゆうすけ）
1969年和歌山県生まれ。旅エッセイスト。26歳から7年半かけて自転車で世界を一周し、その体験を綴った初の著書『行かずに死ねるか！』（実業之日本社／幻冬舎文庫）が13万部のベストセラーに。世界自転車ひとり旅シリーズ3部作は中国、台湾、韓国でも翻訳出版され、国内外で累計30万部を超える。現在は旅、自転車、食を中心に執筆活動を行なうかたわら、「夢」や「食」をテーマに全国で講演も。著作はほかに『洗面器でヤギごはん』（幻冬舎文庫）『大事なことは自転車が教えてくれた：旅、冒険、出会い、そしてハプニング!』（小学館）など。

※本書は、「dancyu web」（プレジデント社）に連載されました「麺店ポタリング紀行」（2018年11月〜2020年3月）に加筆・修正を施したものです。本文に書かれている価格については、取材当時のものです。

わたしの旅ブックス
027

自転車お宝ラーメン紀行

2020年12月15日　第1刷発行

著者――石田ゆうすけ（文・写真）

デザイン――マツダオフィス
編集――及川健智（産業編集センター）

発行所――株式会社産業編集センター
〒112-0011
東京都文京区千石4-39-17
TEL 03-5395-6133　FAX 03-5395-5320
http://www.shc.co.jp/book

印刷・製本 ――株式会社シナノパブリッシングプレス

ISBN978-4-86311-282-7 C0026